麦肯锡全球经济研究系列之一

DRIVING GROWTH

驱动增长

——破除影响全球经济发展的障碍

〔美〕黛安娜·法雷尔　主编

朱静　陈泽亚　译

商务印书馆

2010年·北京

Edited by Diana Farrell

DRIVING GROWTH

Breaking Down Barriers to Global Prosperity

Original work copyright © McKinsey & Company, Inc. United States.

Published by arrangement with Harvard Business School Press.

图书在版编目(CIP)数据

驱动增长——破除影响全球经济发展的障碍/〔美〕法雷尔主编；朱静，陈泽亚译. —北京：商务印书馆，2010
ISBN 978-7-100-06143-8

Ⅰ. 驱… Ⅱ. ①法…②朱…③陈… Ⅲ. 世界经济—经济发展—研究 Ⅳ. F113.4

中国版本图书馆 CIP 数据核字(2008)第 174108 号

所有权利保留。

未经许可，不得以任何方式使用。

驱 动 增 长
——破除影响全球经济发展的障碍
〔美〕黛安娜·法雷尔 主编
朱静 陈泽亚 译

商 务 印 书 馆 出 版
(北京王府井大街36号 邮政编码 100710)
商 务 印 书 馆 发 行
北京瑞古冠中印刷厂印刷
ISBN 978-7-100-06143-8

2010年1月第1版　　开本 700×1000 1/16
2010年1月北京第1次印刷　印张 11½
定价：26.00元

商务印书馆—哈佛商学院出版公司经管图书翻译出版咨询委员会

（以姓氏笔画为序）

方晓光　盖洛普（中国）咨询有限公司副董事长
王建铆　中欧国际工商学院案例研究中心主任
卢昌崇　东北财经大学工商管理学院院长
刘持金　泛太平洋管理研究中心董事长
李维安　南开大学商学院院长
陈国青　清华大学经管学院常务副院长
陈欣章　哈佛商学院出版公司国际部总经理
陈　儒　中银国际基金管理公司执行总裁
忻　榕　哈佛《商业评论》首任主编、总策划
赵曙明　南京大学商学院院长
涂　平　北京大学光华管理学院副院长
徐二明　中国人民大学商学院院长
徐子健　对外经济贸易大学副校长
David Goehring　哈佛商学院出版社社长

致中国读者

哈佛商学院经管图书简体中文版的出版使我十分高兴。2003年冬天,中国出版界朋友的到访,给我留下十分深刻的印象。当时,我们谈了许多,我向他们全面介绍了哈佛商学院和哈佛商学院出版公司,也安排他们去了我们的课堂。从与他们的交谈中,我了解到中国出版集团旗下的商务印书馆,是一个历史悠久、使命感很强的出版机构。后来,我从我的母亲那里了解到更多的情况。她告诉我,商务印书馆很有名,她在中学、大学里念过的书,大多都是由商务印书馆出版的。联想到与中国出版界朋友们的交流,我对商务印书馆产生了由衷的敬意,并为后来我们达成合作协议、成为战略合作伙伴而深感自豪。

哈佛商学院是一所具有高度使命感的商学院,以培养杰出商界领袖为宗旨。作为哈佛商学院的四大部门之一,哈佛商学院出版公司延续着哈佛商学院的使命,致力于改善管理实践。迄今,我们已出版了大量具有突破性管理理念的图书,我们的许多作者都是世界著名的职业经理人和学者,这些图书在美国乃至全球都已产生了重大影响。我相信这些优秀的管理图书,通过商务印书馆的翻译出版,也会服务于中国的职业经理人和中国的管理实践。

20多年前,我结束了学生生涯,离开哈佛商学院的校园走向社会。哈佛商学院的出版物给了我很多知识和力量,对我的职业生涯产生过许多重要影响。我希望中国的读者也喜欢这些图书,并将从中获取的知识运用于自己的职业发展和管理实践。过去哈佛商学院的出版物曾给了我许多帮助,今天,作为哈佛商学院出版公司的首席执行官,我有一种更强烈的使命感,即出版更多更好的读物,以服务于包括中国读者在内的职业经理人。

在这么短的时间内,翻译出版这一系列图书,不是一件容易的事情。我对所有参与这项翻译出版工作的商务印书馆的工作人员,以及我们的译者,表示诚挚的谢意。没有他们的努力,这一切都是不可能的。

哈佛商学院出版公司总裁兼首席执行官

万 季 美

引言　增长的关键:破除障碍,达致全球繁荣……………… i
第一章　真正的新经济…………………………………………… 1
第二章　正确把握IT支出……………………………………… 17
第三章　欧洲经济改革路线图…………………………………… 29
第四章　国内服务业:隐藏的关键增长点……………………… 41
第五章　提高政府生产力………………………………………… 59
第六章　超越廉价劳动力:发展中国家的教训………………… 77
第七章　勿将美国工作岗位的流失归咎于贸易………………… 91
第八章　非正规经济的潜在危险………………………………… 103
第九章　治理巴西的非正规经济………………………………… 117
第十章　土耳其灰色市场的代价………………………………… 129
第十一章　有利于竞争的规制…………………………………… 141
注　释……………………………………………………………… 155
作者简介…………………………………………………………… 167

引言　增长的关键：
破除障碍，达致全球繁荣

经济学家普遍认为，提高一国收入的最简单方法是提高所有经济部门的生产力，然而在如何最有效地提高生产力这一点上，尚未达成一致。

在麦肯锡全球研究院(McKinsey Global Institute，MGI)对世界范围内的经济体进行研究的过程中，我们经常碰到三种关于生产力增长的观点，它们与我们的研究所得到的证据是相悖的。第一种错误观点认为，IT投资与生产力有着直接的联系；这是所谓"新经济"带来的误区。第二种错误观点认为，在那些寻求GDP快速增长的国家里，服务业尤其是零售、会计和电力等地方服务业的生产力，与制造业和高新技术产业的业绩相比，重要性要低得多。第三种错误观点认为，在任何一个特定国家，由逃税和无视绝大多数商业规定的企业所组成的非正规经济的规模，对该国现代正规经济的生产力及其增长几乎没有或根本没有影响。

这三种错误观点给政策制定带来了严重的后果。发展经济学家和政策制定者如果固守着这三种观点，他们提出的发展战略将会阻碍而非促进生产力的增长。这种情况在某些案例中十分严重。以上三种错误观点构成了全球繁荣的障碍，但这种障碍却被大多数人所忽视。

本文集收集了多篇麦肯锡的研究文章，我们相信，这些文章中的案

引言

例很好地反驳了每种错误观点。本文集主张促进集中在生产力改革上的投资,鼓励服务部门内部进一步的竞争和发展,有效、公平地抑止非正规经济,此三个方面将更可靠地提高生产力,而本文集也为制定与之相关的政策提出了指导方针。

本文集中的文章分为三部分。

1. IT 支出与生产力增长:两者真实的关系

20世纪90年代后期,在美国,有关IT和生产力的两种相互对立的观点得到了人们的认同。互联网泡沫破灭前,在观察家看来,在新技术上前所未有的投资似乎可以让美国经济搭乘上生产力永久增长的航班。然而,2000年科技股暴跌,经济增长速度随之放慢,于是,很多公司领导认为过多的IT支出是所有问题的根源,从而急剧压缩了IT投资。为找出真正的原因,到2000年为止,麦肯锡对欧美20个行业的劳动生产力与IT支出和使用之间的关系进行了为期五年的研究。这一研究在本文集的"真正的新经济"一文中有所描述。它表明,只是在那些经历着激烈竞争的产业部门,生产力才是向前发展的。这促使经理人常常利用IT进行创新。然而一些部门(如零售银行)竞争相对缓和,虽然它们在IT上同样大力投资,但企业生产力的进步却微乎其微,甚至可以忽略不计。

这一研究清楚地表明,IT投资本身并不一定能使进行IT投资的企业获得较高的生产力。"正确把握IT支出"一文阐明了,企业该如何改进IT投资以更大把握地获得生产力的增长。审慎地将以IT为基础的有序的改良应用到影响某个特定行业的生产力的关键领域上,这样的投资才更有可能提高生产力。加上管理过程中的补充调整,这种有针对性的IT投资便能为企业带来长久的竞争优势。

与当今欧洲领导人尤为相关的是,要更深入地了解促进创新的投资与劳动生产力发展之间的真正关系。长期以来,整个欧洲生产力的平均

增长的关键：破除障碍，达致全球繁荣

增长速度缓慢,许多部门面临着来自一些低工资水平经济体的日益激烈的竞争。面对这种情况,欧盟的政策制定者们正在寻求政策性解决方法。一种颇受欢迎的选择是,广泛地增加国家和公司对研发的投资。然而,"欧洲经济改革路线图"一文表明,虽然一流的研发对欧洲未来的发展十分重要,但首先应当采用的政策是,移除尚存在于数个欧洲部门之中的竞争障碍。该文以麦肯锡对欧洲主要经济体的生产力增长的研究为依据得出结论:刺激竞争会促使企业加快创新,从而引致欧洲领导人需要推动的那种目标明确、高回报的研发投资。

2. 服务业生产力对经济增长的影响

在过去的半个世纪里,新兴市场采取了一系列的战略措施促进进口贸易替代、出口制造业以及最近的出口服务业。政策制定者已经制定了有利于本国所采用的战略的财政和管理制度。但如此一来,相对于贸易而言,他们长期低估了提高国内非贸易型服务业的生产力对国内生产总值所做出的贡献。这些服务业涉及的范围和影响包括从诸如美发等消费性服务业、法律和会计等商业服务业,到支撑现代经济的电信、供电等基于物理网络的服务业。"国内服务业:隐藏的关键增长点"一文说明了,在产业技术改造减少了制造业就业机会的背景下,服务业对国内生产总值和所有经济体的就业十分重要。它还提倡采用能够促进服务业生产力发展的规章制度。

政府通常大规模地提供一系列广泛的国内服务。例如,英国国有医疗服务机构有120多万名员工,它是欧洲独一无二的第一大雇主。但随着人们寿命的延长以及他们的期望值的增高,全世界各个政府服务部门筹集诸如养老金和医疗保健费用等资金的压力也在增加。许多国家都会面临预算紧张的情况,而提高政府服务部门的生产力是缓解即将到来的预算吃紧的一种方法。"提高政府生产力"一文通过考察50多个国家

引言

政府的经历,指明了应对这一艰难挑战的方法。

在一些国家,如墨西哥,近期的增长是由出口制造业带来的。对政策制定者来说,劳动力成本更加低廉的国家,特别是中国,带来的竞争似乎具有极大的威胁。但是"超越廉价劳动力:发展中国家的教训"一文表明,此类担忧被夸大了。随着一个国家在全球化的世界中变得愈加富强,其经济政策必定要适应相对生产成本的变化。对于目前仍旧依赖为国外制造商提供廉价劳动力而发展的经济体而言,提供较高附加值的服务,如设计和市场营销,是一个颇具吸引力的选择。相对于对技术水平要求较低的制造工作而言,这些领域所提供的工作岗位不大可能因为相对成本的微小变化而发生转移。因此,让中国夺走了低工资、低技术的工作,并不是一种退步,而是一个国家在经济阶梯上向上攀爬的有力证据。

工资较低的经济体出口到美国的产品所造成的竞争也受到了广泛的指责,人们指责它们使美国制造业的工作机会不断减少。"勿将美国工作岗位的流失归咎于贸易"一文表明,问题的真相其实复杂得多。与其他所有国家一样,由于技术变革,美国制造业的就业率随着时间的推移一直在减少。即使是中国这样的"世界工厂",在1995年到2002年之间,其制造业岗位的净减量也达到了1 500万。在美国,自上次经济衰退结束后,不断破坏制造业岗位的并不是增加的进口量,其实,下跌的出口量对此承担的责任要更多些。出口减少的部分原因在于,上涨的财政赤字和其他国家的货币管理体制在此期间促成了美元的坚挺。因此,通过抵制进口来保护经济并不能控制美国工作岗位数量的下跌之势。此外,抵制进口还会对美国服务业中大规模增长的贸易顺差造成不利影响,而服务行业是美国经济中新的工作岗位的重要来源。真正的解决方法是,刺激国内需求,削减财政赤字,说服人为压低货币价格的国家让其货币对美元升值。不过,这个解决方案较难实现。

3. 非正规经济如何窒息新兴市场中的竞争

几乎不交或完全不交税的未登记企业从事的无照经营组成了大型的灰色经济。不但有许多政策制定者和发展经济学家认为灰色经济与国家经济的总体增长无关,而且还有人认为,对于农村人口飞速向城市迁移的国家来说,处于萌芽状态的非正规经济有益无害,因为它产生新工作岗位的速度要比正规经济更快。但麦肯锡对不同国家的研究表明,事实恰恰相反:大型的非正规经济严重地扭曲了竞争,因此限制了产出和就业率的增长。"非正规经济的潜在危险"一文解释了所有部门的灰色市场是如何破坏公平竞争的。因为逃税、无视规章制度,非正规企业获得了大量的不劳而获的成本优势,它们使正规的竞争者几乎无法通过提高生产力来增加市场份额。然而,如果现代正规竞争企业的生产力得不到提高,正规经济整体的就业率和发展都会受到限制。该文设定了一个政策框架,它能有效、公平地抵制非正规经济,从而加速整个经济的增长和就业率的提高。

"治理巴西的非正规经济"和"土耳其灰色市场的代价"这两篇文章对两个新兴市场放任其灰色经济大肆发展所带来的后果提供了详细的案例研究。两国的非正规部门给经济发展带上了沉重的桎梏,将两国锁定在"新兴但绝不兴旺"的状态,并让生活、工作在灰色经济中的人终生都过着没有保障、低水平的生活。两国的经验说明,当发展中的新兴市场在全球范围内追求更快的经济增长、更高的生活水平时,抵制非正规经济活动应该成为政策制定者的当务之急。

在拥有大规模灰色经济的国家里,驱动企业家不法经营的主要力量包括对企业征收不合理的重税和遵守地方商业规定所带来的官僚主义负担等。"有利于竞争的规制"一文表明,如果经济制度旨在促进公平竞争,它将大大推动经济的发展。该文推荐了很多办法,建议监管者均匀

引言

地在整个经济中实施公平贸易规定,从而创造一个公平的竞争环境。合理设置公司税率,并坚定地将其实施到每个企业,这种做法将成为某种鼓励政府官员纵容非正规贸易的"默许文化"结束的标志。一些国家将这种方法应用到规制中,成功地将非正规经营者引导到了正规的部门。

——黛安娜·法雷尔
麦肯锡全球研究院主任

第一章　真正的新经济

黛安娜·法雷尔

内容概要

相对于 IT,竞争和创新对于 20 世纪 90 年代的生产力浪潮起到了更大的推动作用。

此间,创新推动了生产力的发展。随着生产力的提高,竞争变得激烈,又带来了新的创新浪潮。

当今经济发展的关键在于促进竞争,从而刺激创新。这一切可能有赖于目标远大的 IT 投资,但 IT 投资本身却不会自动带来较高的生产力和较大的增长。

"新经济"的激增与休眠被笼罩着一种神秘的光环。这个光环大得惊人,让人充满幻想,发挥作用的力量似乎在极短的时间内就变得十分强大且难以捉摸。随着泡沫的膨胀,许多人感到 IT,特别是互联网,将"改变一切"。然而今天,随着技术部门变得支离破碎,相当一部分人又认为 IT 几乎没有改变什么。当然,真相介于两种观点之间。但真相究竟是什么?我们自认为目击到的所有创新结果怎样?生产力究竟有没有增长?IT 对企业及其竞争力有什么样的影响?更重要

第一章

的是,经理人从这一切中能学到什么?

两年多来,MGI一直都在研究美国、法国和德国的劳动生产力及其与企业IT支出和使用之间的联系。我和同事仔细研究了大量的数据和经验证据,并对20个行业进行了深入的案例分析,其中美国有8个,德国和法国各6个。这些研究不仅包括搜集和分析行业和企业绩效的相关数据,而且还包括广泛地对各个部门的高管进行访谈。

我们发现,新经济确实是在20世纪90年代形成的,但它与当时广受推崇和争议的新经济迥然不同。它不是源于互联网,而是诞生于不断加剧的商业竞争和随之形成的管理创新浪潮。我们还发现,IT在新的商业世界中的角色要比最初设想的更复杂。IT对行业和企业个体的命运虽然十分重要,但并不是第一位的。我们的研究揭示了当今企业成功的真正推动因素,从而对最近商业中出现的剧变有了更为清晰的理解,并为更有效地安排企业IT投资和评估指明了道路。

生产力的真相

20世纪90年代末的经济确实发生了一些变化,这些变化在生产力数据中可以看得出。1973到1994年间,美国的劳动生产力年增长率只有可怜的1.4%,而1995到1999年间却猛增为2.4%。从此,生产力一直保持着相当强劲的增长势头,即使在最近的经济低迷期也是如此。据劳动统计局(Burean of Labor Statistics)显示,2000年美国的生产力增长率上涨为2.9%,2001年为1.1%,2002年为4.8%。

20世纪90年代末掀起了生产力浪潮,而恰在此时美国企业对IT所投入的资金和关注大幅增加。在许多行业,随着企业进一步将电脑和通信系统纳入自身的经营之中,技术开销翻了一番。总的说来,技术产品在国内生产总值中所占的百分比在过去十年里,从2%上涨到12%,翻了六倍。

真正的新经济

许多人看到这些数字就得出结论说,是IT投资推动了生产力的增长,这倒也不奇怪。但事情并没有这么简单。在研究不同行业的绩效时,我们发现生产力和IT投资之间几乎没有关联。尽管大多数行业都大大增加了IT支出,然而它们的生产力增长率却呈现出很大的不同。事实上,在美国,生产力的增长只集中在六个部门:零售、证券经纪、批发、半导体、电脑组装和电信。这些部门在美国国内生产总值中虽然只占32%,但它们却为美国生产力的净增长做出了76%的贡献。其他许多部门,如酒店和电视广告,虽然在IT上大量投资,但却几乎没有或根本没有提高生产力(见"美国不均的生产力繁荣")。

美国不均的生产力繁荣

20世纪90年代末期,大多数国家都对IT进行了大力投资,但只有少数国家获得了生产力强劲增长的回报。事实上,生产力增长仅集中在六个部门:零售、证券经纪、批发、半导体、电脑组装和电信。这六个部门虽然仅占美国GDP的1/3,但在美国生产力净增量中的比例都超过了3/4。

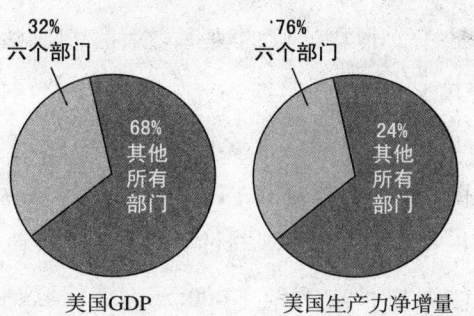

Copyright © 2003 Harvard Business School Publishing Corporation. All rights reserved.

如果IT不是推动生产力浪潮的主要因素,那什么才是呢?答案很

第一章

清楚：日益加剧的竞争给这六个部门带来了推动生产力发展的创新。我们的研究表明，面对强大的竞争，这些行业的经理人被迫大力创新以保护他们的收入和利润。正是这些创新——在产品、业务和技术上的创新——带来了生产力的增长。事实上，新经济——真正的新经济的一个重要动力是良好的竞争环境、创新和生产力增长之间的良性循环。激烈的竞争刺激了技术和业务流程上的创新。这些创新快速扩展，提高了整个部门的生产力。随着生产力的提高，竞争变得更加激烈，又带来一波新的创新浪潮。

从各国和各行业间明显的绩效差别中可以很清楚地看到竞争所扮演的重要角色。在提倡竞争的部门——主要是通过打破规制的限制来实现竞争——创新蓬勃发展，生产力得到提高。但是，无论何处，只要规制或其他的力量扭曲了竞争环境，竞争压力就会减少，创新就无法得到发展或无法快速扩展，生产力的增长也会减慢。

看看移动通信行业吧。在美国，1995年政府拍卖附加光谱，导致竞争加剧，地方市场上竞争者的平均数量从2个增加到5个左右。话费下降，移动电话使用率增加，整个部门的生产力在过去十年里以年均15%的速度增长。这是一个非常健康的速率，然而，相对法国和德国移动通信部门25%的增长率，它还是暗淡无光。美国与德法的区别在于，美国的规章制度构建了一个分割的、备受保护的市场，这个市场里有数十个小型的地区供应商，几乎不存在国内竞争。今天，在美国，50多家供应商每家服务的客户还不到20万。与此相反，在法国和德国，一小群国家供应商每家服务的客户平均达到1 000万。大的欧洲供应商之间激烈的竞争和它们的超大规模带来了生产力的超常增长。

国家之间的这种差异在其他部门也同样明显。例如，零售银行业务的竞争在美国要比在德国更自由。在德国，小型的国有以及合作银行虽然没有能力形成足够的规模，但它们仍然避开了股东们对资本市场的需

真正的新经济

求。我们的研究表明,虽然客户需求高涨以及出现的合并浪潮使得德国银行业得以健康成长,但较弱的竞争仍使该部门在生产力方面处于相当大的劣势。德国零售银行业务的生产力在20世纪90年代末只是美国生产力水平的74%。

在食品零售业,法国的生产力增长落后于美国。罪魁祸首还是受限制的竞争。区域划分法有效地保护了法国高级百货市场的统治地位,使之不受创新型竞争者的威胁,而较小的、传统型商家也乐于享受大规模的政府保护。法国食品杂货部门的生产力在20世纪90年代实际上是以每年0.5%的速率下降,而美国食品零售商的生产力年增长率则达到1.6%。

20世纪90年代,竞争并不是推动生产力发展的唯一力量。例如,有了坚定的消费信心,消费者就会购买更加昂贵的商品,这同样也有助于推动生产力。活跃的资本市场有助于证券行业的增长。但我们的研究清楚地表明,无论何地,只要竞争达到白热化,创新产品和创新行为就会增加,生产力就会蓬勃发展。无论何地,只要竞争受到限制,创新就会减少,生产力就会被削弱。

IT 扮演的角色

由于竞争加剧,公司有可能面临顾客和利润的损失,因此经理人有着巨大的动力去追寻创新之法以削减经营成本,增加其为买主提供的价值。这真是一个不创新就灭亡的选择。经理人创新的方法当然有很多种,在20世纪90年代,IT就被证明是一项尤为强大的创新工具。我们找到了三个理由来证实这一点。首先,IT使得具有吸引力的新产品和有效的新业务流程得到了发展。其次,它促使创新在行业范围内快速传播。最后,它展示了强大的规模经济——随着IT使用范围的扩大,它带来的利益也在迅速增加。

第一章

然而,IT促进创新的力量在每个行业中的表现并不一样。对密集型信息处理非常依赖的部门,比如运营流程极度复杂、交易负担十分繁重或产品技术非常精深的部门,在市场收益中获得的份额较大。一旦一个行业具备了这些特征,并且展现出不断加剧的竞争,它的生产力就会迅速增长。

新的技术和流程

过去10年里,一些基于IT的创新以新产品和新服务的形式出现(如速度更快的微处理器或在线股票交易),另一些则以加强现有业务流程的形式出现(如零售银行业的支票影像和集中授信)。在很多情况下,新的产品和流程紧密地联系在一起。例如,在半导体行业,芯片设计复杂程度快速提高,要求流程控制和诊断更加严密。这刺激了芯片制作管理精密新技术系统的发展,从而推动了整个行业生产力的提高。

我们所确定的在20世纪90年代收获了最大的生产力增长的六个行业,要么利用IT能力创造了产品,要么改进了流程。比如,精密的新IT系统是零售业的天赐之物。大的零售商每天要处理数以万计相关的小业务,这使得经营变得尤为复杂。IT帮助它们更有效地管理这些复杂事项。它不但使一些日常功能自动化,如接收和控制存货、扫描价格、结账等,而且还优化了许多复杂的流程,其中包括供应链管理、销售规划、客户关系管理等。

股票经纪是另一类信息密集型行业,它从新的IT能力中获益匪浅。在美国,每天要发生300万到400万笔的股票交易,每笔交易金额平均为25 000美金。随着互联网的传播,创新公司如嘉信理财(Charles Schwab)和电子交易(E Trade)金融公司能够将高效的在线交易与已经卓有成效的折扣经纪模式结合起来。我们的研究表明,如果没有在线交

真正的新经济

易接口,这些经纪业务将需要十倍的经纪人或其他的客服人员来处理相应的要求。在线接口自然相当迅捷地被采用了。1995年,几乎没有任何零售经纪业务是在线执行的;而到了2000年,40%的此类业务是通过互联网进行的。有趣的是,在线交易在所谓的网络繁荣时期是互联网对经济的整体生产力飞跃所做出的唯一重大的贡献。

美国批发业的配送中心利用IT极大地推动了生产力。通过将相对简单的硬件(如条码、扫描器和分离机)和复杂的软件(如用于库存控制和追踪的仓储管理系统)结合起来,批发商能够部分实现货流的自动化,从而大大降低了劳动成本。

传播

新技术在整个部门传播,常常给生产力带来惊人的影响。例如,在零售部门,许多企业快速地采用了仓储管理和自动化系统、条码扫描仪和阅读器,以及应用于人力资源、发薪名册和报告的企业资源系统文档管理模块(ERP modules)。这些系统有助于将长期以来需要大量员工的流程自动化,使得整个行业的劳动力成本大大降低。在美国的货运行业中,主要的货运商迅速地采用了网络优化系统和条码解码及扫描技术,推动了整个行业的生产力增长。法国和德国的货运企业在这些新技术的应用方面则处于落后地位,它们最近才刚刚因为欧盟取消管制而面临激烈的竞争。因此,它们的生产力一直都比美国企业的生产力低,法国的生产力是美国水平的85%,而德国是83%。

技术创新不仅会提高一些部门的生产力,IT本身还直接促使许多业务和技术上的创新得到传播。许多公司使用更加复杂的企业计划工具、经过改善的联络系统和持续不断的监控,提高了自身效仿竞争者的突破型创新的速度。无论是在零售部门的配送中心和商店,还是在金融部门的银行和经纪公司,新的技术能力在传播创新上都发挥了特别强大

第一章

的作用。

然而,快速传播是一把双刃剑。虽然它提高了整个行业的生产力,但也会破坏企业个体的竞争优势。一旦竞争对手都采用了某项IT创新,那么这项创新最终就只能成为另一项经营成本。因此,20世纪90年代许多在现有技术上投入巨资的企业都无法收回投资。例如,在线银行业务传播迅速,以致没有一家银行能够获得竞争优势——所有的利润都流向了顾客。(在这个案例中,银行也抱有不切实际的期望,它们期望能够改变顾客的行为。美国顾客采用在线银行业务的速度非常缓慢,因此这项创新对行业生产力的影响还未明显显现出来。)

我们发现,从快速传播的技术中获得优势的秘诀在于,将技术和其他特色能力或流程以别人难以复制的方式结合起来。摩根大通公司(JP Morgan Chase)最近使用IT增强了其在自动化金融市场的实力。2001年初,这位金融服务巨人有9 000名交易者使用其系统,成为主贷领域的领军者。接着,它大规模地扩展了配送网络(向其18 000名交易商)将其在线交易商定位网络系统(DealerTrack)全面铺开,交易商利用这个系统帮助顾客通过电子方式找到并完成贷款。因为交易商定位系统支持摩根大通公司现有的优势,所以它的益处不可能轻易地被竞争者所复制——即使对手拥有相同的技术也不行。

扩大规模

大多数IT创新带来的益处都会随着规模的扩大而急剧增加。例如,一旦安装了用于交易处理的新软件,处理额外交易的边际成本就会快速下降为零。的确,考虑到采用新技术的预防成本常常较高,实现规模化对获得IT投资回报往往十分重要。

当技术创新在各国均等地传播时,我们发现它们对生产力的影响仍然在很大程度上依赖于行业统一的程度,并呈现出不同的结果。IT创

真正的新经济

新对于高度集中或顾客人均产量较高的行业而言,影响最大。零售银行业就是一个很好的例子。我们研究了三个国家的零售银行,它们已实现后勤办公的自动化,因此可以以很小的边际成本进行无限的交易服务。然而,美国银行生产力获得的增长最大。这是因为美国顾客的金融资产和借贷量通常比法国和德国的顾客多出两三倍。美国银行为每位顾客处理的交易比法国和德国更多。

德国的零售业也是一个好例子。薄弱的公司治理让一些生产力低下的德国零售商得以继续经营,结果导致了行业生产能力过剩,企业所得利润微薄。这就限制了德国零售商的投资能力,使其不能借助 IT 提高长期效率,而此时法国和大多数美国零售商则正在进行这方面的工作。

IT 的新日程

即使身处从 IT 中获益最多的六个部门,许多公司还是无法从技术投资中获得大量的回报。有些公司一碰到执行困难或成本超过预算的情况,就放弃使用新的系统。有些公司零散地运作,仅实现了部分业务流程的自动化。还有一些公司未在对生产力具有最大潜在影响的领域进行投资,或者过早地投资了竞争对手能够轻易复制的系统。

其中的一些错误似乎明显得出奇。但略一回顾,我们就能清楚地看到 20 世纪 90 年代末一些经理人是如何被 IT 冲昏头脑,不智地运用资金的。随着 IT 投资的增加,生产力、经济、收入和股票市场的估值也都得到了增长。IT 以万能药的面目出现,使得许多经理人都认为"和你一样"的跟风式投资能够得到回报。

不过,也有一些公司从投资中获得了最大的回报,它们身上有许多值得学习的地方。我们的研究表明,在 IT 投资上取得成功的企业

第一章

通常具有以下三个方面的特征。第一,这样的企业将投资目标锁定在对行业和自身都有重大意义的生产力杠杆上。第二,它们在投资顺序和时机的选择上仔细斟酌。第三,它们并不孤立地追求IT,而是将管理创新和技术创新结合起来一同开发。让我们更仔细地看看这些必要的做法是如何推动生产力发展的。(关于这些必要做法对技术公司的重大意义的讨论见"IT供应商所面临的挑战"。)

瞄准重要的生产力杠杆

正如"按照生产力方程式工作"这一图表所描述的,提高生产力的方法多种多样。你可以减少劳动力或其他方面的成本。你也可以向客户销售新的或附加值更高的商品。IT在这些方面都能发挥作用。技巧在于,把IT支出集中在那些对生产力有着最大效用的杠杆上。我们看到,许多企业在一些看似具有吸引力的新技术上耗资巨大,结果却发现它们几乎没有获得什么成效。

对于不同行业来说,哪些杠杆是重要的各不相同。这就解释了,为什么具有最大作用的IT应用通常只适合某些特定的部门。我们发现,事实上,没有哪种多用途的应用会对生产力产生大影响。在零售银行业,自动借贷、信用卡操作、后台交易等方面的个性化应用措施对生产力的发展起到了最大的推动作用。在消费品零售业,主要的应用措施集中在简化配送和物流工作、简化货物计划和管理以及简化店铺经营上。在半导体业,最大的收益则由用于电子设计自动化、流程控制和收益优化等方面的高度专业化工具产生。另一方面,CRM(客户关系管理系统)的应用通常旨在通过更好的客户管理增加收入,却常常带来糟糕的结果。

即便在同一个行业,不同的生产力杠杆也可以产生不同的作用。以零售业为例。日用商品零售商,如沃尔玛,是低利润、高周转的企业,它们

真正的新经济

按照生产力方程式工作

生产力方程式很简单,即产出与投入之比。为了提高生产力,你必须提高产出,降低投入,或者既提高产出,又降低投入。精明的经理人会分析产出,也会分析各种投入(资本、原材料和劳动力),并创造性地使用IT提高重要领域的生产力。下面的图表能给经理人指出第一捷径,帮助他们找到最适合其企业和行业的生产力杠杆。

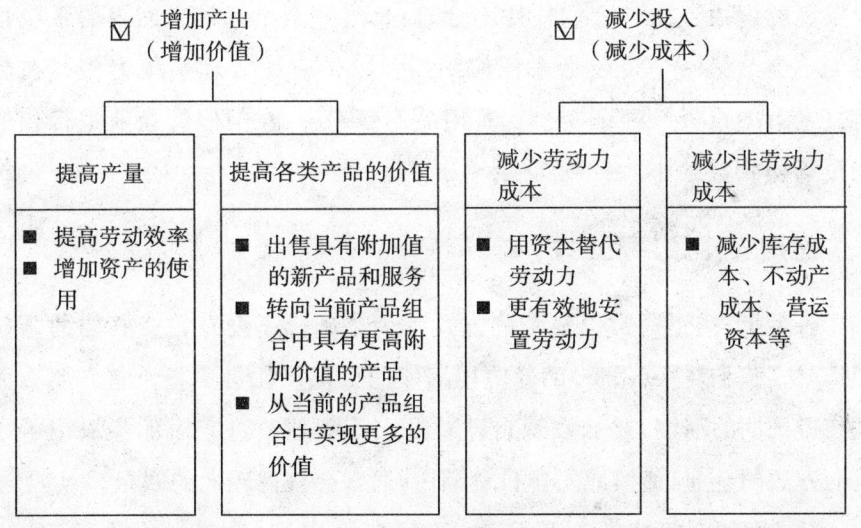

Copyright © 2003 Harvard Business School Publishing Corporation. All rights reserved.

出售大量的货品,其中许多是消费原料。它们从诸如仓储和交通等管理系统中获得了最大的益处,因为这些系统让它们和供应商较为紧密地联系在一起,并加快了固定产品的库存周转率。另一方面,特殊服饰零售商,如盖普(Gap)公司,销售的货物大多更新较快,因此它依赖于归类和分配计划工具,以减少产品过时和货品滞留的成本。电子零售商,如电路城(Circuit City)和百思买(Best Buy),它们的店铺分配和价格优化工

第一章

具在降低减价幅度的过程中起着关键作用。家居用品零售商的利润与质量保证、递送到家和产品维修等售后服务紧密联系,它们依赖于扩展订单管理系统以确保更大的顾客满意度。

正如这些例子所示,仅仅跟从IT大潮会适得其反。最精明的企业,会仔细地分析自身的经济状况,只在一些将带来极大的生产力增长的IT应用上大量投资。至于其他必要的应用措施,它们则尽可能地寻找最实惠的解决方法。它们往往不会忘记,给一个企业带来回报的系统很可能不会给另一个企业带来任何回报。以供应链管理系统为例。在流行技术上的投资已经证实会给日用品商带来裨益,但服饰企业进行相似的投资却收益甚小。

合理安排顺序和时机

各种IT投资通常以复杂的方式互为基础。还没有完成必要的基础工作就安装了复杂(昂贵)的新应用程序的公司往往会失望。它们要么无法获得预期的利润,要么发现自己总是在不断地改进。而那些采用了规范的方法的企业,谨慎地安排投资顺序,通常会获得较大的回报。

20世纪90年代沃尔玛针对IT投资采用了"一步一个变化"的方法,是一个了不起的例子。首先,该公司安装了软件,通过由供应商、仓库和销售中心组成的广泛的网络,管理产品的流动和储存。一旦实现了产品流动的自动化,沃尔玛就重点利用IT提高它的运营与供应商的运营之间的协调程度,促成更高的效率。有了更顺畅的协作,沃尔玛就能有效地进行技术投资,为商品的品种组合和补货做好计划。最后,将所有这些能力综合起来,该公司建立了数据库,利用从一系列资源中获取的信息来处理复杂的问题。

与此相反,凯玛特(Kmart)公司在IT投资上采取了错误的步骤,破坏了投资的有效性。它在安装处理销售量波动的必要供应链系统之前,

真正的新经济

就投资了用于改善促销管理的系统。这样做的结果就是,它无法制订有着更精确指向的促销计划。许多零售银行业也在顺序安排上犯下错误。它们还未等建立起前后一致、可靠的客户数据库,就在流行的客户关系管理系统上投资。因此,客户关系管理投资令其大失所望也是不足为奇的。

即使有了良好的排序计划,企业也必须考虑投资的时机。它们必须要问自己一个重要的问题:我们应该引领还是追随信息潮流?在做出决定的过程中,企业必须明白,IT本身几乎从来都不具备真正的让你脱颖而出的能力。正如我们所看到的摩根大通的交易商定位系统的例子一样,IT只有在与其他不太容易复制的优势(如规模和大品牌)一起出现时才能产生显著的效果。

因此,企业只有在清楚地了解到某项技术能够推动企业的业务目标,促成加强现有优势的真正创新,抵制技术模仿的均等化效果时,才能迅速投资。在半导体业,高级芯片设计带来了重大的优势。英特尔公司投资开发奔腾处理器,替换了486,这一举措被证明对其在竞争中名列前茅极为关键。在半导体设备行业,Applied Material 公司在新的制造技术上的大量投资也带来了回报,而这不过是因为它较小的竞争对手缺乏模仿这些先进技术的资源。

当然,预测一项投资是否会带来创新结果很难。在做出决定的关键时刻,经理人必须留意表明该投资不能让公司脱颖而出的警示信号,如对该项IT应用所带来的机遇的广泛宣传,竞争对手对这个机遇一波又一波的考量等。这类表明着广泛的认知度的标志暗示,来自于该项创新的任何利润都将快速地消散。公司还必须了解自身:它们的风险偏好度,它们能够将IT与其他优势结合起来名列前茅的信心,它们调动人员和流程以获得有效变革的企业历程记录等等。哪一方面显示较弱,通常哪个方面最佳的行动方向就是追随潮流,而不是引领潮流。

第一章

同时追求管理创新和技术创新

历史表明,技术创新通常只有在管理实践与之相适应的情况下才会发挥作用。这一点在20世纪90年代就已经是毋庸置疑的了,到今天,也还一样正确。以沃尔玛为例,如果它没有重新定义自己与供应商之间的关系,并且将销售中心的物流工作大量简化,那么它也就无法从创新的信息系统投资中获益。百思买和塔吉特(Target)公司如果没有将高级的IT与协作购买系统、仓库自动化上的进步、交叉销售和存货追踪结合起来,也就不会成为零售业的领军者。英特尔公司的IT投资大大提高了其生产力,因为这些投资带来了物质技术和制造流程的突破。在所有这些案例中,业务经理引路前行,重新塑造了公司的流程和实践方式,因此新的IT系统的所有益处全部都能得到实现。

零售银行的客户关系管理提供了一个具有警示性的例子。银行希望,收集并分享客户信息的新系统会推动交叉销售率,减少客户消耗,增加每位客户给银行带来的利润。然而,尽管在客户关系系统上大量耗资,平均每个家庭在其主要银行所拥有的产品数在过去三年里一直低位徘徊。有一个原因我们已经提到过,那就是顺序安排不当:客户关系管理系统已经在线了,但所需的客户资料还未就位。而许多银行经理也无法对销售和营销流程做出必要的变动。银行的业务单元依旧围绕具体的产品细分市场和客户细分市场来组织,阻碍了整个客户关系的一体化管理。此外,对销售人员的激励机制也破坏了这种从客户关系管理理论上讲可以实现的交叉销售。

IT投资的成功与不同行业的特点、不同企业的特殊惯例密切相关。我们最近几年来见过的IT支出和生产力之间缺乏关联这一现象,难以由此做出解释。为了实现IT许诺的未来,使用者和供应商必须谨慎地对其进行部署,使之适合各个部门和业务,将它与其他产品创新和流程

真正的新经济

创新结合起来。这里的挑战在于,有效使用现有系统,同时进行新的目标投资,而这些投资能够维持竞争的公平性,并在可能的时候,加强其独特性并支撑其优势。IT 不是一颗银弹(silver bullet),但如果瞄准了目标,它也能成为一个重要的竞争武器。

IT 供应商所面临的挑战

我们的研究揭示了那些从 IT 投资中获益最多的企业通常所采取的三种做法。这些有效利用 IT 的必要措施同样对 IT 供应商有着重要意义。

1. 管理的必要措施:瞄准重要的生产力杠杆。

供应商需要做到:获得与具体客户相关的专业知识,将开发和销售方面的努力集中在具体的部门和业务模式上。

IT 供应商必须进一步了解,它们的技术是如何促进每一位客户的业务的。无论是帮助改善零售供应链,减少保险理赔时间,还是降低医院实验室工作的出错率,它们都必须掌握提高客户生产力的必要细节。

猎枪法——提供各类客户所需的各类产品——对于供应商来说几乎可以肯定是失败之策。那些将各类产品统统奉上的人将在管理业务的复杂过程中深陷泥潭,他们随之采用的是对于所有客户而言都平庸无奇的举措。因此,IT 供应商面临着艰难的选择。它们必须决定该在何处集中精力,言外之意就是,要决定如何给自己"定位"。好消息是,过去十年的经验表明,供应商可以通过专门为界定明确的细分顾客群来获得有益的价值——这些顾客群的业绩是它们真正可以改善的。

2. 管理的必要措施:合理安排顺序和时机。

供应商需要做到:帮助客户从沉没的 IT 投资中寻找价值。

许多企业的 IT 投资明显没有生命力,这些企业可能正在失去最后一点技术。因此,IT 供应商必须找到解决方法,帮助客户扭转技术开发上的不利局面,阐明并传递对于未来投资的清晰的价值主张。除非它们把上述两点都做好,否则未来客户不太可能接受软件和硬件成本的大幅上涨。

3. 管理的必要措施:同时追求管理创新和技术创新。

供应商需要做到:选择性地创新,与客户或第三方构建学习伙伴关系。

15

第一章

　　由技术推动的创新仍然很重要,但随着企业明确了同时进行管理创新的必要性,它们的 IT 投资将变得更具选择性。在这样的环境下,与客户搭档学习非常重要。例如,零售银行业的 IT 供应商与银行共同努力确认并实现了业务上的变革,这些变革对于从诸如数据库、客户关系管理、客户数据一体化和在线银行等方面的投资中充分获利十分必要。通过这种方式,零售银行业的 IT 供应商能够与银行建立起长久的合作伙伴关系。许多客户在过去 5—8 年里进行了大规模的基础设施投资,它们想要获得能使它们现有的资产派得上用场的新产品和服务。

　　与第三方建立合作关系也有助于供应商将技术创新和管理突破结合起来。为了从 IT 投资中获得最大的价值,买方需要对业务流程和组织结构进行重大改进。例如,如果业务单元继续单独管理,没有跨单元合作的激励机制或评估,一体化的信息系统几乎不会产生收益。与专注于流程再造和变革管理的企业建立合作关系后,成功的 IT 供应商将有助于确保自己的客户从新系统中获得充足的利益。

黛安娜·法雷尔
《哈佛商业评论》,2003 年 10 月

第二章　正确把握 IT 支出

黛安娜·法雷尔　　特拉·特威利格　　艾伦·P.韦布

内容概要

IT 有助于企业创新，从而极为有效地刺激了生产力发展。

为了鼓励创新，而不是为了仅形成能被人迅速模仿的系统或促成错误目标的系统，企业应该集中精力优先考虑两个方面：一是确定哪些 IT 投资能够为获得有竞争力的差异提供最大机会；二是把握投资的顺序和时机。

有一种利用 IT 的明智方法，它强调创新、差异化和生产力，要求高管们帮助建立起技术日程表并对其结果负责。

如果过去五年在 IT 上的过度开销现在让企业技术主管或多或少为成本而困扰，谁又能责怪他们呢？世界上的许多企业确实正在限制 IT 支出。一些公司甚至把主要信息官员的绩效奖金与他们削减了多少技术预算挂钩。[1]

现在一些公司仍然冒险降低技术投资——甚至在拮据的时候也这样做。但正如沃尔玛和戴尔等公司的经历所展示的那样，合理地利用新技术能帮助企业组织实现生产力的重大飞越，并重新定义所有部门内的

第二章

竞争。合理利用的关键是,知道该在何时往何处投资。什么样的技术开销会获得持续的差异化优势?技术的最新趋势是否会推动企业努力争取去做行业的领导者,或者说企业高管是否应该按兵不动,直到风险和成本都降低为止?这些永远都难以回答的问题和大量的行业特定因素紧密相关,在赢利压力很高时变得更加棘手。

有这样一种趋势使挑战变得更加严峻,即起先技术被视为灵丹妙药,接着,当人们对技术的这种狂热被证明不切实际之后,技术又被看成是万恶的毒药。一些率先采用新技术的公司的经验表明,新技术本身并不能促进生产力。生产力的增长来自于管理创新:根本改变企业产品或服务的交付方式。不论在经济宽裕还是拮据的时期,企业都要将新技术和改进的流程及能力结合在一起来进行创新。[2]

投资的优先选项

企业如何才能从技术投资中获得有意义的收获?MGI花了两年时间调查IT和生产力之间的关系,发现前者通过帮助企业创新可以极为有效地刺激后者的增长。创新有时候意味着创造新产品(如更快的微处理器)、新服务(移动电话技术)或新流程(在线证券交易),但它们也会通过帮助企业扩展关键领域的现有优势,利用技术给现有流程加压。沃尔玛将IT与其高效的销售网络相结合,既推进了供应链管理的发展,又拓宽了其所在部门的生产力疆界。[3]

MGI的研究表明,为了鼓励创新,而不是为了简单地形成能被人迅速模仿的系统或促成错误目标的系统,企业应该集中精力重点考虑两个方面。一是确定哪些生产力杠杆能为形成有竞争力的差异化提供最大机会:瞄准少数能够很好地创造竞争优势的特定杠杆比在各个方面都寻求进步,更能产生可靠的结果。最具希望的IT创意常常与相关的业务流程一同发展,建立在企业组织的经营实力之上。如果采用上述路线,

正确把握 IT 支出

企业应该警惕其他行业在 IT 方面取得成功的故事所带来的诱惑,因为在一个行业发挥重要作用的杠杆可能与另一个行业毫不相干。

第二个重点考虑的方面是,把握投资的顺序和时机。许多以技术为基础的优势,特别是那些没有涉及根本业务变革的优势,生命非常有限,因为它们在整个行业中传播得很快。因此,如果 IT 投资旨在获得回报,那么投资时机至关重要。能抓住合适投资时机的企业十分清楚,IT 促成的竞争是如何在它们的行业内展开的。如果技术难以模仿,或者即使被模仿也仍旧能够获利,抑或能提供大量的近期价值,那么先于其他企业对其进行投资就是有意义的。否则,企业可以在他人做出投资并犯下错误之后再大量投入,这种方式常常可以控制开销,增加回报。

指出要重点考虑这两个方面,是技术专家的责任,同样也是企业高管的责任。IT 组织需要帮助人们彻底了解企业生产力的优势之源和影响技术扩散的竞争动力。有一种利用 IT 的明智方法,它强调创新、差异化和生产力,要求高管们帮助建立起技术日程表并对其结果负责。

创新与传播

我们对高效的 IT 投资和生产力之间的关系的理解建立在 MGI 早些年对美国自 1995 年以来的生产力增长的研究之上。该研究[4]所得出的结论是,当激烈的竞争迫使经理人必须创新,且竞争者也必须迅速采用创新成果时,生产力就会繁荣起来。例如,当下游的零售团体对批发商施加压力,迫使它们实现仓储自动化,从而达到较高的效率时,药品批发部门的生产力就会得到提高。

技术的快速传播对于经济体来说可能是件好事,但只有在竞争对手无法迅速采用创新成果时,企业才能从创新中获得最大的益处。一旦同一部门的多个企业都应用了同一套 IT 软件,这些软件的应用就只会成为经营的另一项成本,而非竞争优势的来源。自然,竞争者会非常愿意

第二章

采用最简单的、IT赋能的改进方法,因为这些方法主要只是让技术就位而已。

例如,在零售行业,中央支持系统、仓储管理和自动化系统以及销货点(POS)升级目前是每个大型企业都在进行的核心IT投资。尽管它们确实提高了整个部门的生产力,然而对于企业个体而言,却没带来任何差异化的竞争优势;消费者则深受其益,享受到了更低廉的价格和更方便的购物。在创新快速传播的极端案例中,竞争者有着"和你一样"的跟风式投资狂热,采用了相似的技术;想想20世纪90年代末的客户关系管理和企业资源规划软件的例子就很清楚了。

然而的确有些技术创意要么带来了新的产品、流程和服务,要么从根本上扩大了企业的现有优势。其中的一些创新成果之所以没有迅速传播,是因为它们有内嵌障碍,降低了竞争对手的模仿能力。例如,当IT创新成果与商业流程中较为广泛的变革融合在一起,或者与其他更加持久的优势(如规模经济与范围经济或深层智力资本等)联系在一起时,上述障碍就会出现。当然,有些信息技术能产生强化生产力、抵制模仿的创新成果,它们的应用向人们提出了重要的战略问题。例如,企业应该如何找到真正能够将自己与竞争对手区分开来的投资?如何才能计划好投资的时机和水平,以便从激烈的竞争中获得长期价值?

投资以实现与众不同

为了找到具有差异化的IT投资,企业应该仔细分析那些能够极大地影响生产力的经营杠杆(见"重要的经营杠杆")。每一个杠杆都是独特的,然而也具有足够的宽度可以包容一系列有潜在价值的机会。一些杠杆相对而言更加重要;而且,它们的重要性可以因为部门,甚至次级部门和业务模式的不同而大不相同。在发挥重要作用的众多杠杆中,企业应该确定哪些杠杆将作为新投资基础,产生真正的竞争优势——这些杠杆通常建立在现有的经营实力之上,并与其一同发展。在一个IT资源稀缺的世界里,了解在何处——以及不在何处——集中寻找资源,十分重要。

重要的经营杠杆

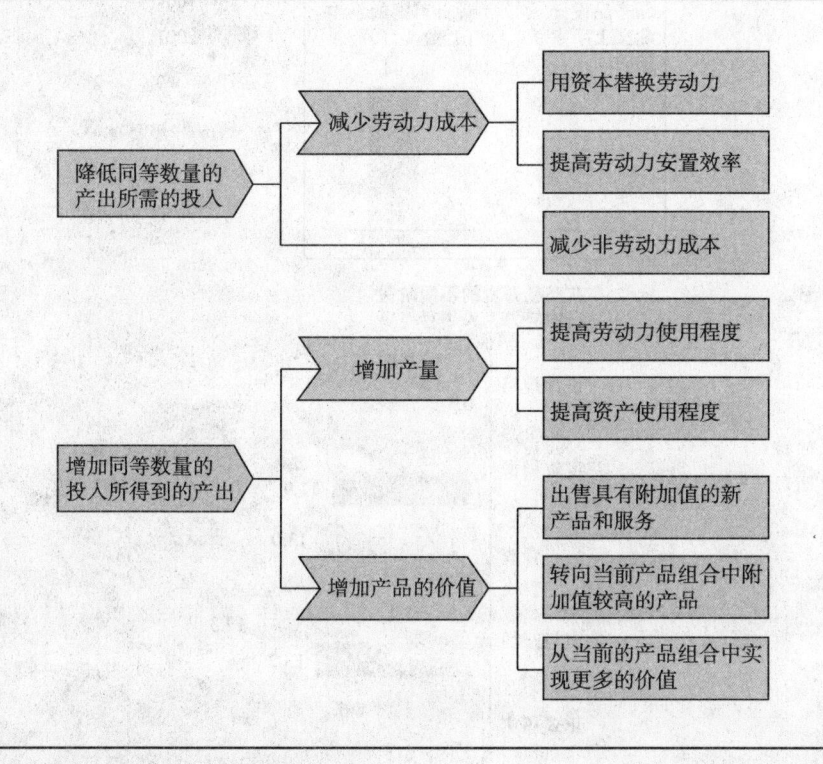

```
                          ┌─ 减少劳动力成本 ─┬─ 用资本替换劳动力
                          │                  │
降低同等数量的产出所需的投入 ─┤                  ├─ 提高劳动力安置效率
                          │                  │
                          └─ 减少非劳动力成本

                          ┌─ 增加产量 ─┬─ 提高劳动力使用程度
                          │            │
                          │            └─ 提高资产使用程度
增加同等数量的投入所得到的产出 ─┤
                          │              ┌─ 出售具有附加值的新产品和服务
                          │              │
                          └─ 增加产品的价值 ┼─ 转向当前产品组合中附加值较高的产品
                                         │
                                         └─ 从当前的产品组合中实现更多的价值
```

　　的确,一些令人印象最为深刻的生产力增长源自集中力量于单个杠杆。例如,在微处理器部门,大型企业,特别是英特尔公司,集中精力开发新的具有较高价值的产品,随后微处理器和储存芯片的能力成倍增加而价格却未成倍增长,这时这些企业极大地推动了生产力的发展。IT(例如电子设计自动化工具)在帮助制造商设计更为复杂的芯片,更快地制造这些芯片上扮演着重要的角色,从而有力地凸显了投资特定高潜能杠杆所

第二章

带来的利益(见"节省时间的工具")。

节省时间的工具

电子设计自动化工具对特殊应用集成电路设计的影响

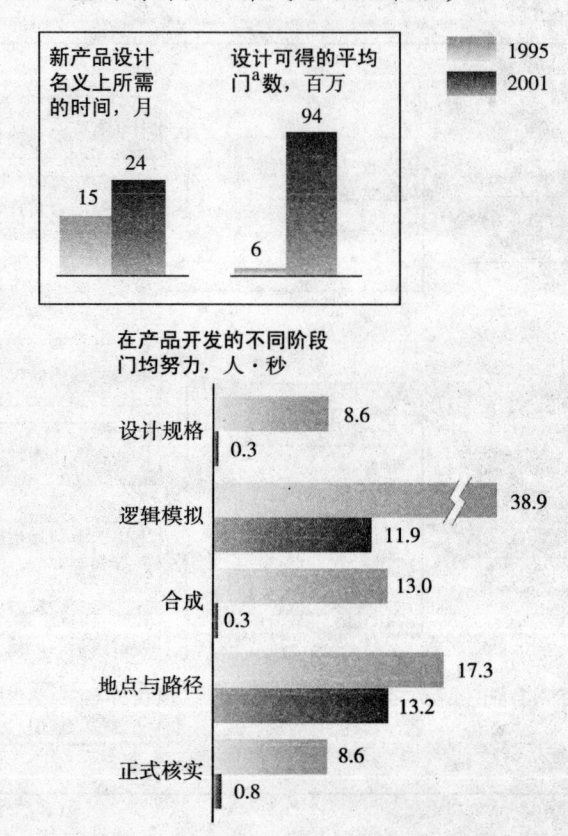

	1995	2001
新产品设计名义上所需的时间,月	15	24
设计可得的平均门[a]数,百万	6	94

在产品开发的不同阶段门均努力,人·秒

	1995	2001
设计规格	8.6	0.3
逻辑模拟	38.9	11.9
合成	13.0	0.3
地点与路径	17.3	13.2
正式核实	8.6	0.8

[a] 门是集成电路的建筑模块;从广义上说,门数是芯片复杂程度的测量尺度。
资料来源:2002年麦克林报告;麦肯锡分析。

当然,成功的秘诀在于找准合适的杠杆。例如,20世纪90年代,IT帮助零售银行部门实现了人工操作流程的自动化,提高了零售家居用品

部门员工的效率，推动了半导体部门在动态随机存取存储器（DRAM）细分市场的产出，它对这三个部门的影响在当时是最大的。

而瞄准其他杠杆的IT系统，例如在半导体制造设施部门更有效地配置劳动力，即便得到了有效的执行，其所产生的影响也很小。

要找到合适的杠杆首先要了解驱动企业个体和整个部门经济的复杂因素，然后，需要了解IT影响这些关键因素的方式。以零售部门为例。尽管沃尔玛是日用品零售商中的巨人，但一味地模仿其利用IT的方法对于其他分支部门的零售商来说可能就失策了。日用品经销以边际利润低、库存量大和销售率高为特征，所以减少货品存储的时间十分重要。成熟的仓储—运输管理系统因此成为日用品经销商的绝对首选。

但服装零售却完全不同。高档产品经销商，如妮梦—马科斯（Neiman Marcus）公司和萨克斯第五大道（Saks Fifth Avenue）公司，虽然享有了较高的利润，但必须应对时尚潮流的不可预知性和商品品种的季节性变化。当然，服装零售商需要高效的分销渠道，但一些最具希望的机会却需要减少折扣。行业专家建议，服装零售商要在新销售季的前四周出售50%—80%的时尚物品，然后进行打折。服装零售商既需要预报需求的预测系统，也需要有助于帮助调整打折活动的应用软件。它们会对其净利润产生重大的影响：一位专家估计，一个好的需求预测系统可以使全价出售商品的数量增加25%以上。

企业不可能在所有的生产力杠杆上都与行业领军者相匹敌，但不能因为无法匹敌就在薄弱的领域进行大量投资。相反，在技术和诀窍很容易就可以获得的领域，正确的方法是使用那些可靠、低成本的技术（如将业务流程外包）来缩小绩效差距。例如，1994年沃尔玛收购加拿大伍尔科（Woolco）百货公司122家店铺时，它并没有收购伍尔科表现不佳的分销资产，而是选择了外包仓储管理和运输。只有限制每一个不具备差异化的投资，企业才有望在对自己非常重要的领域变得真正独具特色。

第二章

相反，在可能产生持续优势时，集中投资和个性化才会有意义。沃尔玛最初在供应链系统获得成功，并不是依靠应用标准软件，而是通过小厂商的帮助创造了定制化的系统。这种方法不但可以让该公司根据自己的业务需要调整系统，不必改变业务流程就能利用软件之力，而且还可以让软件能力所支持的系统和流程变得让对手更难以复制。此外，沃尔玛并没有在整个企业组织中创建自己的IT系统，而是有选择地进行投资。它成功的关键在于，它认识到新兴的技术通过进一步优化采购和送货，能创造一个依托现有的经营实力（特别是其高效的销售网络）而发展的机会。

沃尔玛的故事并非独一无二。高影响力的投资通常与企业的优势一同发展，并且扩大其优势。例如，摩根大通公司最近利用IT增强了其在汽车贷款市场上的力量。至2001年初，该公司的系统已经拥有了9 600名交易商，成为主贷市场的领军者。接着，它开始进一步拓展销售网络：其子公司摩根实验室（LabMorgan）与艾美瑞信贷（AmeriCredit）公司和富国（Wells Fargo）银行共同开创了交易商定位网（Dealer-Track），允许汽车交易商协助客户在线选择并完成借贷手续。交易商定位网的资本贷款自动生成和处理系统也向其他银行开放。由于摩根大通公司的规模使其能够在主贷市场提供成本低廉的贷款，因此随着交易商定位网的扩展，该公司得以持续获利，今天它已经拥有了18 000名汽车经销商。

拖动企业关键杠杆的投资，特别是与规模和其他经营力量相联系的投资，影响业绩的程度应该可以衡量出来。尽管IT对某一职能的影响难以孤立出来分析，但如果业务目标是清楚的，就应该有粗略的衡量标准。（如果不能提前确定一项投资对业务的影响，就该引起警惕。）库存周转率就是一例，它是一种粗略但有用的衡量标准：沃尔玛的这一指标从1994年的6.6提高到了2001年的9.9，这个进步表明，它所采用的零售链(RetailLink)厂商管理系统是正确的。而同期凯玛特公司不太明显的进步(从4.7到5.9)则反映出这样一个事实,效仿那些能够拓展部门领军者现有经营优势的IT能力并非易事。

把握时机与安排顺序

对于以IT推动的进步为竞争基础的企业而言,了解跳入创新轨道的合适时机与了解该如何跳入同样重要。简单说来,把握时机和安排顺序确保了所有的先决性投资能在技术创新推出之前到位。特别是在零售部门,我们的研究表明多层投资非常重要,每一层投资都是下一层投资的基础。例如,在日常用品百货业,企业在能够使用复杂的计划应用软件之前,需要有利用仓储和运输管理系统的能力,这样才能将货物送达客户。

因此,还没打牢基础就在复杂能力上投资的企业很容易浪费资金。例如,一家日用品零售商投资数百万用于管理和衡量促销活动的有效性,但由于其仓储系统不能应付伴随着大型促销的存货波动,所以该笔投资最后以顾客感到不满而告终。同样,企业也可能在基本的IT设施上花费了大量的时间和资金,但却并没有逐渐地进行一些高回报的投资。顺序安排是一个微妙的平衡行为。

即使投资到位,企业也必须自问一个有关战略时机的问题:企业应该引领还是追逐IT潮流?举一个明显的例子,当IT创意与业务目标紧密地联系在一起,并且真正有所创新时,就应该采取行动了。这些创新要么有助于催生新的产品、服务或流程,要么改善了现有的流程,扩大了公司的优势。同样,即使在被模仿的情况下也能继续产生利润的投资也是具有吸引力的。

20世纪90年代中期,当零售银行业具备了信用欺诈探测能力时,所有适合投资的条件都形成了。减少欺诈所造成的损失的机会源自一

第二章

系列的软件突破。例如，先进的神经网络和预报交易风险模式创造了新的追踪客户行为数据的精密方法。[5]欺诈所造成的损失额不但支持了试验新软件的必要性，而且还引导管理者开发出相关的新的客户联系流程，从而批准交易或拒绝可疑交易——这是管理和技术共同发展的例子。新系统在该行业内的广泛采用并没有减少它们对单个企业的影响。到2000年，整个行业因欺诈造成的损失占总应收款的比例降至0.18％；与之相比，1994年为0.41％。银行的收益与投资成正比。

摩根大通公司在交易商定位网方面的经验表明，当IT领导力与其他力量融合在一起时，就会变得卓有成效。交易商定位网广泛的接触面帮助摩根大通公司更为迅捷地为顾客和交易商服务。结果，形成了拓展了其持续经营实力的良性增长循环。

相反，如果先行的尝试既没创新性，又容易被模仿，那么首先采取行动的企业就难以收回在先行的尝试上耗费的高额成本。在这些情形下，克制也许是有意义的，但要怎样才能辨识出这些情形呢？思考一下零售银行的另一个创新——客户关系管理吧。银行希望搜集并传播顾客信息的新流程能够帮助它们增加交叉销售率，减少顾客流失，吸引新顾客，增加每个顾客所创造的利润。然而，客户关系管理的流程改良并没有达到预期效果：每户家庭在主要银行中所拥有的产品数在过去三年里一直持平，尽管这些银行耗费了巨额资金（见"容易被模仿的改进没有太好的结果"）。除了一些举措难以执行外，客户关系管理创新之所以除了使顾客流失外几乎没有带来任何其他结果的一个重要原因是，许多银行在此期间都对这个增长缓慢的市场推出了相似的创新。如果银行没有进行客户关系管理投资，很可能会失去顾客。然而，在进行投资的银行机构中，先行者很难看出它们的业绩与那些跟从者的业绩相比有什么不同。

实际上，预先判断出一项投资是否能带来创新结果，是有挑战性的。有两个指导原则应该能引导企业做出是否去追逐或放弃对某个IT机遇的领导权的艰难抉择。第一个原则是,努力寻找快速传播可能出现的迹象。在客户关系管理创新的案例中,预警的信号有:早期的大规模炒作、大量银行随之着手创新,以及出现一些集成产品套装软件商——其产品具有巨大的潜力。

容易被模仿的改进没有太好的结果

美国零售银行在客户关系管理软件上的开销,1998—2001,十亿美元

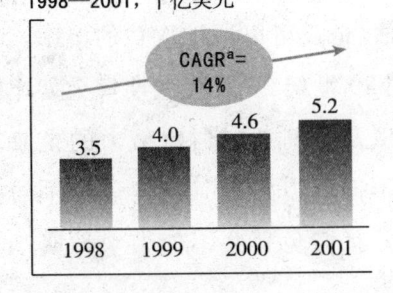

CAGR[a]=14%

- 1998: 3.5
- 1999: 4.0
- 2000: 4.6
- 2001: 5.2

美国零售银行直接营销开支,[b] 1991—1999,十亿美元

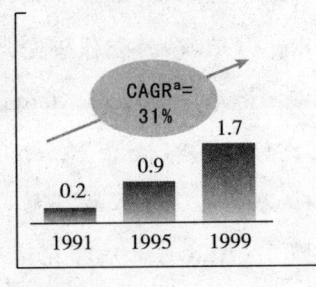

CAGR[a]=31%

- 1991: 0.2
- 1995: 0.9
- 1999: 1.7

美国家庭在主要银行平均拥有的产品数,1998—2001

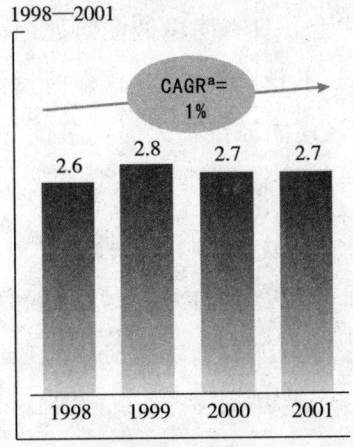

CAGR[a]=1%

- 1998: 2.6
- 1999: 2.8
- 2000: 2.7
- 2001: 2.7

[a] 复合增长率。
[b] 资产>50亿美元。
资料来源:银行营销调查报告。美国银行家协会,1992—2000;绩效解决方案国际公司;Towergroup。

第二个指导原则是要认识到企业的特色可以帮助它确定自己是否

第二章

是某一给定投资领域的合适领军者。企业在找到创新机会后,必须问问自己:在这部分业务中,它有多大的风险承受力;它有多大信心能够把投资和其他优势联系起来,从而成为行业龙头;在安排人力和流程以影响变革方面,它有过什么样的记录。哪个问题的答案令人泄气,哪个方面的最佳选择就是跟从潮流而非领导潮流。不采用成本低廉的"跟从者战略"的企业正在浪费稀有资源,这些资源可得到更高效的利用,牵引出可以形成明显生产力优势的经营杠杆。毕竟,企业的目的不在于成为第一个抓住 IT 促成的所有生产力机遇的企业,而在于把赌注下到正确的地方。通过对自身以及这笔投资的评估,企业可以增加成功的概率。

明智的 IT 投资并不要求回归到 20 世纪 90 年代末期挥金如土的开销方式上。只有明白该在何处用力以及如何适时付出努力的企业才能够找到 IT 投资的方向,这样的投资不但可以实现其与竞争对手的差异化,而且还能提供长久的竞争优势,并且避免那些不能带来长期竞争优势的投资。

本文以麦肯锡全球研究院、麦肯锡高科技实践和麦肯锡商业技术办公室(McKinsey's Business Technology Office)的合作研究为基础。莎姆·拉尔(Shyam Lal)、詹姆斯·曼尼卡(James Manyika)、林尼·蒙多卡(Lenny Mendoca)、迈克·内文斯(Mike Nevens)以及罗杰·罗伯特(Roger Robert)协同带头研究这个课题。尤其值得一提的研究团队成员是阿尼尔·凯尔(Anil Kale)、睦昆达·拉马兰特南姆(Mukund Ramaratnam)、伊娃·芮泽彭尼伍斯基(Eva Rzepniewski)和尼克·桑塞南姆(Nick Santhanam)。

黛安娜·法雷尔　特拉·特威利格　艾伦·P.韦布
《麦肯锡季刊》,2003 年第 2 期

第三章 欧洲经济改革路线图

马丁·尼尔·贝利 黛安娜·法雷尔

内容概要

欧洲的政治家们进退两难,主要是因为欧盟数个大国经济表现不佳。

许多欧洲人认为,旨在提高产品和劳动市场竞争力的规制改革将包含撤销社会保障网这一内容。作为改革的替代方案,一部分人主张采取保护主义政策,另一部分人则主张在研发上加大投资。

不过,此类规制改革将激发欧洲所需的生产力增长,从而恢复经济繁荣,而经济繁荣是社会保障网的基础。社会保障网的成功构建,取决于通过规制改革来促进竞争。

欧盟最近的经济表现持续低迷。该地区的核心经济体发展依旧缓慢,一些国家的预算甚至还出现了赤字——随着人口逐渐老龄化,这个问题面临日趋严重化的威胁。[1]欧洲委员会一名委员对欧洲面临的问题总结如下:"拥有25个成员国的欧盟,失业人口达到1 700万,老成员国的平均经济增长率是0.6%,年轻人失业率为18.6%,这一切我们都无法承受。"[2]欧洲领导人一致认为,必须促进欧洲经济增

第三章

长，迎接全球竞争的挑战。可问题是，在如何实现增长这一点上，意见并不统一。

许多欧洲官员认为，竞争和市场力量实际上有碍经济增长，而改革则意味着撤销欧洲的社会保障体系。对此，他们的解决方案是，保护欧洲使之免于竞争，维护那些阻止企业重组和裁员的规制，也许还包括在研发上投入更多资金。

然而历史证明，这样的解决方法作用甚微。世界上没有哪个活力四射、蓬勃发展、就业充分的经济体还保留着僵硬的竞争规制和限定。MGI对六个欧洲国家进行了研究，发现它们的经济增长率低下并不是因为缺少技术。而利用规制改革促进竞争，才是欧洲提高生产力所需的动力。

欧洲无须放弃自己的社会计划。许多欧洲国家可能为了恢复人们工作的动力，而不得不调整自己的社会福利计划，但正如丹麦所表现出来的，政府可以为失业者提供收入支持，同时鼓励他们寻找新的工作。不过与此矛盾的是，伴随着人口老龄化形势，如果欧洲打算建立充裕的退休金和社会保险基金，它必须恢复充分就业，并实现经济增长。

理想的状态是，欧洲所有经济低迷的国家都欢迎经济改革。遗憾的是，它们当中并不是所有的国家都愿意沿着改革之路走下去。虽然没有哪个国家完全实现了经济自由化，但丹麦、爱尔兰、西班牙、瑞典和英国都已经采取了改革措施，刺激了更多的就业和增长。它们将改善经济表现与保留欧洲的基本生活方式相结合，为其他国家树立了好榜样。

竞争是增长的关键

MGI对一系列欧洲经济体的研究表明，撤销管制或进行规制改革都可提高生产力。在我们研究过的每一个国家中，任何一个给定行业里的大部分企业都与采用了最佳实践的企业之间存在着生产力差距。法国和德国就是很好的例子。[3]法国和德国大多数行业的劳动生产力都比美国同行业低(见"生产力差距")。但法、德的食品零售业和移动通信业是唯一的例外(见"例外证明了规律")。虽然欧洲的许多行业在20世纪90年代缩小了与美国同行的生产力差距,但几乎同样多的行业的生产力差距却在加大——这是一个令人担忧的趋势。

生产力差距

指数:美国1992至2000年间的生产力增长情况[a]和2000年的生产力水平[b]=0

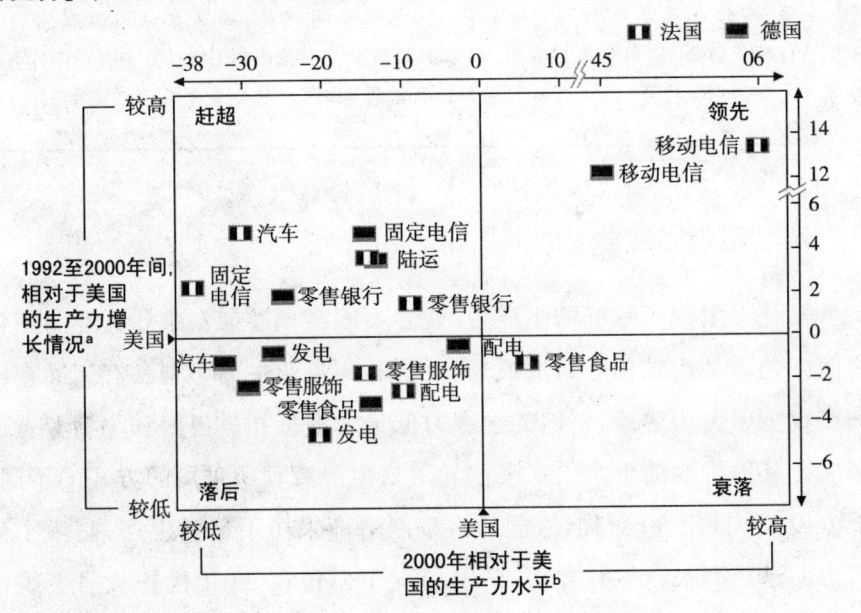

■ 法国　■ 德国

```
                -38  -30    -20    -10     0    10 // 45        06
       较高 ┃  赶超                      ┃               领先
            ┃                            ┃                         14
            ┃                            ┃              ■ 移动电信
            ┃                            ┃                         12
1992至2000年间,                          ┃           ■ 移动电信
相对于美国   ┃        ■ 汽车   ■ 固定电信 ┃                         6
的生产力增   ┃     ■              ■陆运  ┃                         4
长情况[a]    ┃   固定  ■零售银行  ■零售银行┃                         2
            ┃   电信                     ┃
       美国 ┣━■━━■━━━━━━━━━━━━━━━━━━━━━━┫━■━━━━━■━━━━━━━━━━━━━━  0
            ┃   汽车 发电  ■零售服饰     ┃  配电  零售食品          -2
            ┃      ■零售服饰 ■配电      ┃                         -4
            ┃         ■零售食品          ┃
            ┃           ■发电            ┃                         -6
       较低 ┃   落后                      ┃              衰落
            较低                         美国                      较高
                      2000年相对于美
                      国的生产力水平[b]
```

[a] 汽车与公共事业部门,1992—1999;零售银行部门,1994—2000;零售贸易部门,1993—2000。
[b] 汽车与公共事业部门,1999。
资料来源:麦肯锡全球研究院。

第三章

例外证明了规律

移动电信服务业的劳动生产力;指数:2000年美国的水平＝100

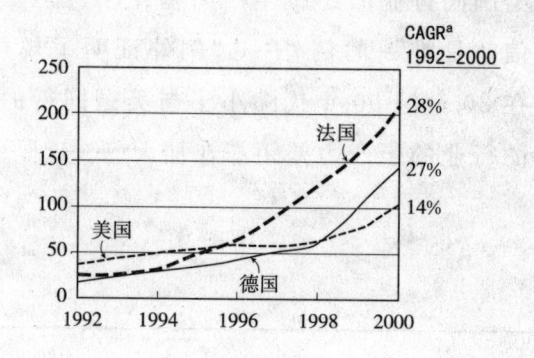

CAGR[a]
1992-2000

法国 28%

美国 27%

德国 14%

[a] 复合年增长率。

资料来源:电信管理局(ART),法国;年报,电信公司网站;蜂窝电信与互联网协会(CTIA);高德纳公司;国际电信联盟;国家交换运营商协会(NECA),美国;OECD;电信与邮政管理局(Reg TP),德国;美国联邦通信委员会(FCC);麦肯锡全球研究院。

规制窒息了竞争

是什么阻碍了欧洲的生产力,使之不能实现潜能?某些行业与美国之间的差距是由结构差异造成的。例如,零售业中的小型私有店铺在欧洲要比美国更为普遍,它们的生产力低于大型折扣零售商和小型专营连锁店。其他行业的生产力水平差异源自生产流程所采用的方式的不同。一方面,20世纪90年代,法国的汽车制造商采用了精益生产,刺激了生产力的迅速增长。另一方面,德国的汽车公司在90年代初就居于统治地位,所以感受到的改革压力很小,因此它们的生产力停滞不前。MGI的研究发现很清楚地证明,结构和流程上的差异是更深层次问题所表现出来的症状:这个问题就是缺少竞争压力。

竞争会提高生产力,因为做得最好的企业会通过最明智的改革来回应竞争。由于竞争中的赢家扩大了市场份额,创造了更多的工作,因此生产力较为低下的企业或改善经营,或歇业停产。但这样的动力欧洲是没有的。在许多欧洲经济体中,最具生产力的企业没有增加劳动力,而生产力较为低下的企业却还在增加员工(见"最不合时宜者得以幸存")。

最不合时宜者得以幸存

美国与欧盟的制造部门[a]

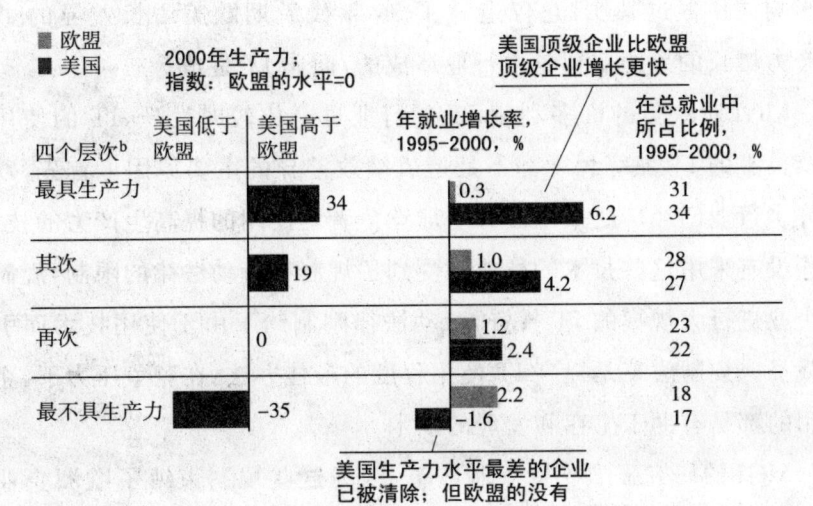

■ 欧盟
■ 美国

2000年生产力;指数:欧盟的水平=0

美国顶级企业比欧盟顶级企业增长更快

四个层次[b]	美国低于欧盟	美国高于欧盟	年就业增长率, 1995-2000, %	在总就业中所占比例, 1995-2000, %
最具生产力		34	0.3 / 6.2	31 / 34
其次		19	1.0 / 4.2	28 / 27
再次	0		1.2 / 2.4	23 / 22
最不具生产力	−35		2.2 / −1.6	18 / 17

美国生产力水平最差的企业已被清除;但欧盟的没有

[a] 依下列EU国家的数据计算的加权平均数:芬兰、法国、荷兰、瑞典和英国。
[b] 制造部门的合计数据。
资料来源:阿姆斯特丹自由大学经济与社会研究院;麦肯锡全球研究院。

缺乏动力的原因在于产品市场的规制和控制劳动力和土地使用的政策具有保护现有企业的作用,限制了新进入者,阻止企业实现规模经济,制约了企业运营的方式。

第三章

促进研发和 IT 并非解决问题的方法

在欧洲,许多有关解决该问题的讨论都集中在激励 IT 和研发投资的政策上,而不在通过规制改革增加竞争强度上。[4] 我们对欧洲各个行业的研究表明,研发方面的举措并不能从根本上解决问题。[5]

欧洲领导人之所以强调对研发的需要,是因为他们注意到,美国的高科技部门已经促进了美国经济的发展,并且号称它推动美国生产力在 20 世纪 90 年代以每年两位数的速度增长。但高科技部门对整个经济的影响往往言过其实:它仅造就了 90 年代后期欧美增长差异的 1/3。生产力增长的差距主要是由行业造成的,而非 IT 造成。

MGI 对欧美的许多利用 IT 的行业进行比较时发现,IT 的使用量以及员工的 IT 熟练程度都不是造成绩效差异的主要原因。首先,欧洲的许多行业已经广泛采用了其全球竞争者均使用的提高生产力的技术。那些没有采用这些技术的行业则受到了规制和劳动法律的限制:规制阻止企业进行大规模的 IT 投资,劳动法律则制约了由于使用技术而引发的裁员。规制改革是提高 IT 使用程度的最佳办法:在竞争压力下,企业采用的都是有助于生存和发展的技术。

MGI 的研究强烈支持规制改革,因为这些规制束缚了欧洲企业的运营和竞争方式,破坏了竞争、创新和生产力增长之间的良性循环。对研发和 IT 的投资应该建立在对回报的现实评估之上,而不应成为逃避经济改革这一政治难题的借口。

欧洲改革之路

经济规制的目标应该是确保公平竞争。同时,规制必须保护消费者、消费环境和社会中的弱势公民,使之不受市场失灵之危害。欧洲现行的部分规制框架致力于保护社会不受竞争的危害,结果却使得欧洲人对这一举措导致当地竞争力逐步减弱的后果更加猜疑。[6]

好消息是，政策制定者常常无须限制生产力和增长，就能实现自己的社会目标。四个方面的改革十分重要。虽然我们的改革建议都不算新，但考虑到政界对于究竟是什么压制了欧洲的竞争力这一问题上存在着分歧，我们还是有必要将它们重提一下。

完成服务部门的自由化

服务行业——从美发师和零售店到会计和工程师的所有一切——在过去的五年里，大约占了欧洲GDP和所有净增工作量的70%。在欧洲或任何成熟经济体中，不论政府在研发上投入多少资金，制造业都不会成为新增工作的主要源泉。对欧洲而言，复兴服务行业将是推动经济增长和提高就业水平的关键。

然而，服务行业中的国有和地方企业依旧受到大量规制壁垒的保护。例如，在德国，限制营业时间的规定阻碍了零售商提供更便捷的服务和更多的就业机会。在葡萄牙，政府根据酒店规模的大小，规定了每类工种必须雇用的员工数量。在整个欧洲大陆，由于受到了税收和区域法律的保护，小型的家庭经营街角店虽然生产力低下，价格又相对较高，却依旧大行其道。

诸如上述的规制旨在保留欧洲独特的文化、传统和生活方式，却限制了欧洲的繁荣——欧洲文化的延续最终取决于其经济的繁荣。幸运的是，调整服务部门的规制限制程度以增加竞争强度，并不意味着放弃所有的老传统。德国解除对商店营业时间的限制，并不会导致所有顾客通宵达旦地逛商场，而小商店因为其提供独特的服务，生意依旧会很兴隆。在葡萄牙，如果单个酒店可以不雇用如此之多的劳动力，整个行业的就业也会增加，因为会有更多的创业者开办、经营新酒店。撤销保护效率低下的小型零售店的规制并不会将这些小店赶出欧洲，因为它们有

第三章

足够多的顾客光顾。

去年颁布的《欧盟服务业法令》(EU Services Directive)旨在清除各国国内的规制障碍,实现服务业跨界竞争和贸易的自由化。通过创造共同的服务业市场,企业能够巩固并扩大规模,从而降低价格,提高生产力。《哥本哈根经济学》(Copenhagen Economics)中的一篇报道发现,实现服务行业自由化每年可在欧洲创造多达60万份工作,刺激价值330亿欧元的新的经济活动。[7]《欧盟服务业法令》受到了猛烈的抨击,修改在所难免。然而,其基本的目标应该保留:为欧洲的服务业创造一个单一的竞争市场。

鼓励规模经济

促使企业实现规模经济是各国推动生产力增长的最为重要的途径之一;的确,实现规模经济这一目标是欧洲首先创立共同市场的主要原因。政策制定者可以鼓励企业通过以下两种方法有效地利用规模:促成兼并和收购,实现欧盟规定标准化以便企业可以轻松地将业务延伸到他国市场。

反托拉斯的规定恰恰力求阻止兼并,因为兼并会导致垄断。但对兼并进行不必要限制的规定,如那些控制着许多德国小型地方银行的规定,会产生这样的负效应,即在新进入者能更高效地提供同类服务之时,还容许低效经营者存留在行业内(见"小规模等于无效率")。

原则上讲,2004年欧盟采用的规定已经给予了企业更大的兼并和收购的自由。但一些成员国认为恶意的收购会逐渐破坏它们的资本主义品牌(恶意的收购给了利益相关者而不是股东在企业管理上表态的机会),于是遵从这些成员国的意见,欧盟并未强制执行多次表决权禁令,也没有禁止实施未经批准的"毒丸"计划。[8]低效的先进入者——被取代的潜在目标——也竭尽全力游说政府不要颁布上述禁令。于是低效的企业继续受到保护,而真正的竞争却无法实现。

小规模等于无效率

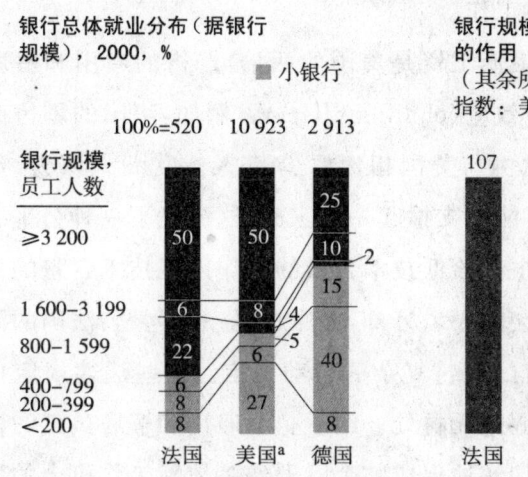

银行总体就业分布(据银行规模),2000,%

■ 小银行

100%=520　10 923　2 913

银行规模,员工人数	法国	美国[a]	德国
≥3 200	50	50	25
1 600–3 199	6	10	2
800–1 599	22	8	15
400–799	6	4	
200–399	8	5	40
<200	8	27	8
		6	

银行规模对国家生产力的作用
(其余所有因素保持不变);
指数:美国2000年水平=100

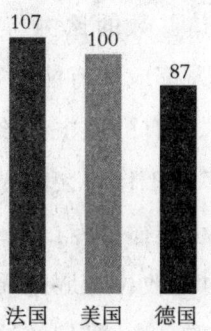

法国	美国	德国
107	100	87

[a] 1997年数据:联邦保险信用合作社之外的银行总数。

资料来源:美国劳工部劳动力统计局;上述各国的全国银行协会;麦肯锡全球研究院。

建立统一的欧盟规制还可实现跨境扩张,快速释放生产力。欧洲陆运行业就是一个很好的例子。20世纪90年代规制的撤销激起了兼并的浪潮,现在欧洲大陆的长途运输线路更为高效。大规模的企业更有能力配置线路优化系统等昂贵的工具,运输能力利用率和生产力都得到了迅速的提高。

增加工作动力和劳动力市场的灵活度

欧盟的失业水平高居不下,特别是年轻人和接近退休年龄的人失业情况尤为严重。这看上去可能很奇怪,因为有这么多的国家都已经设立了保护就业的严密的劳动法。然而,对裁员的限制以及为了资助丰厚的

第三章

社会保障福利而征收的高额就业税,阻止了企业雇用新的员工。并且这些社会福利会降低人们工作的动力——具体程度视其安排状况而定。对欧洲的劳动力规制进行彻底审视应该旨在促成新的工作和就业,同时也让员工更顺利地更换工作。

举例说来,法国的最低工资是美国的两倍,严格的雇用和解雇规定对就业水平造成了激冷效应(chilling effect)。例如,法国的零售商雇用的工人占人口总数的比例与美国相比要少50%。欧洲人认为,凡是有全职工作的人都应该有能力支撑起一个家庭,这激发了一种公平感。然而,如果要求所有的雇主都给低技术含量的工作以高技术含量的工资的话,那么更多的工作将会消失。另外,程序也是一个问题:法国的酒店不得不保留一小群律师专门应付复杂的劳动规定。这些法律规定自然会缩减就业,对于改善客服毫无益处。给予企业雇用和解雇员工的自由以及商定工资的自由,将切实地促成整个欧洲经济体新工作机会的形成。

欧洲还需要调整其丰厚的失业福利,这样才不会阻止人们自食其力地工作。例如,在荷兰,一个享受失业福利的60岁的人,很可能会失去因工作而额外所得收入的90%。[9]其实,国家可以在不撤销社会保障网的情况下,鼓励人们加入或重返劳动大军。允许雇主为某些工作支付较低工资,但要求政府用工资补贴来弥补这个差额,这些举措将鼓励人们不计工资水平高低,大胆走出社会保障参与工作。

结束土地使用政策偏见

在欧洲相对较小的疆域内有重要的历史古迹和无限的自然美景,欧洲人希望保留这些遗迹,这是可以理解的。然而,很少人意识到,对土地使用的限定挫伤了生产力和就业。

昂贵的地价、匮乏的土地以及其他的规制障碍,限制了企业扩张和创造新的机会。例如,家乐福(Carrefour)和宜家(IKEA)难以找到新地点建立大规模的店面,从而抑制了整个欧洲零售部门的生产力和就业——对德国的影响尤为严重。在德国,建立零售店竟然还需要准许现有建筑转为零售之用的许可证。单是官僚主义这一个因素就能成为一个问题。在法国,需要办理10项管理手续、花费近200天才能注册一项大规模的企业资产,即使不需要改变企业的区域位置也是这样。与此相反,在瑞典,此类注册只需两天。即使大多数欧洲政策制定者声称,他们希望增加制造业的工作数量,企业兴建新工厂也还是需要几个月甚至几年才能获得批准。此外,建筑成本往往还会因为不同的规制而升高。这样的情况同样出现在住房开发上,由此而导致的新的建筑物短缺提高了住房成本,使得工人在搬家、换工作这件事情上变得小心翼翼。

划分区域的决定应该是为了鼓励经济增长,同时保护环境,当两者冲突时,应适当地权衡轻重先后。当前,欧洲的土地使用政策对土地开发很不利。原因之一是负责颁发建筑许可证的地方官员没有鼓励投资或创造新工作的动机,因为新企业的大部分税收都为国家和中央政府所得。有时候,一些现有企业希望阻止新的竞争者进入,于是对地方当局施加压力,地方当局便以拒绝给新企业颁发建筑许可作为回应。

荷兰的住宅市场利用欧洲的区域划分法促进了生产力,成为一个榜样。对开发商来讲,关键是要获得大量的土地,从而实现规模经济。通过不断地从北海(North Sea)获取土地,荷兰已经可以将其住房建设的生产力提高到与美国相当的水平——住房建设创造了大量的工作,是所有经济体的生产动力。

向前看

欧洲可以在不放弃其所珍视的所有的社会价值的同时,再次推动经济发展。欧洲当前执行的许多规定虽然过去旨在保留这些社会价值,现在却阻碍了欧洲在全球市场上的竞争力。对它们进行一番彻底的清查

第三章

是非常必要的。

有时候欧洲委员会成为了推动改革和更强竞争的主要力量。通过竞争政策,也可能通过引入新的服务法令以取代最近被否决的法令,欧洲委员会仍然可以力争实现市场自由化。但国家政府必须主动采取措施。

一些国家已经实现了很大的跨越。爱尔兰和西班牙已经获得了强有力的经济增长。英国享受到了充分的就业,并在诸如人均收入等指标方面赶超了法国和德国。20世纪80年代,丹麦和瑞典对劳动力市场进行了改革,这些改革帮助它们减少了失业。新加入欧盟的东欧国家也正在通过市场自由化,实现自我转变。

即使欧洲各国没有取得一致的进步,一个国家的成功改革也可以为其他所有国家指出一条获得更佳经济表现的道路,同时保留欧洲的基本生活方式。如果足够多的政府开始朝着正确的方向前进,其余的欧洲国家肯定也会跟上前进的步伐。

马丁·尼尔·贝利　黛安娜·法雷尔
《麦肯锡季刊》网络独立版,2005年9月

第四章　国内服务业：隐藏的关键增长点

黛安娜·法雷尔　马丁·尼尔·贝利　贾安娜·雷米斯

内容概要

在任何一个经济体中，提高服务业的生产力都是经济增长的关键。在一些中等收入经济体和发达经济体中，地方服务工作占所有工作岗位的 60% 以上，并且事实上创造了所有的新工作。

服务工作并不一定都是低技术、低薪水或短期的。许多服务活动都对经济增长至关重要，例如电力供应、交通运输、电信以及无数高技术、高薪水的职业，如会计、研究员、医疗和金融专业服务人员等。

如果竞争环境合适，整个国内服务业可以成为中等收入经济体财富和工作岗位的重要源泉——其重要性可以超过离岸服务。

发展中国家的政策制定者多年以来一直将注意力集中在制造业推动的增长上，而现在他们都承认服务出口的贡献：印度在离岸IT服务领域处于领先地位；迪拜拥有旅游业和发展中的金融服务中心；新加坡正在兴建服务于亚洲各地病人的医院；菲律宾正在开发电话中心。然而，如果没能很好地理解离岸服务战略，将会忽略一个更大的推动财富

第四章

创造的机会——刺激国内服务部门的发展。

提高服务业的生产力是任何一个经济体的关键增长点。国内服务业提供的工作岗位占中等收入经济体和发达经济体的所有工作岗位的60%以上,并且在事实上创造了所有的新工作(见"经济发展过程中服务部门的增长")。如果技术和生产力都获得飞速进步,减少了行业的劳动力需求,那么制造业在任何一个地方都难以持续、长期地提供新的工作——即使在中国也如此。

经济发展过程中服务部门的增长

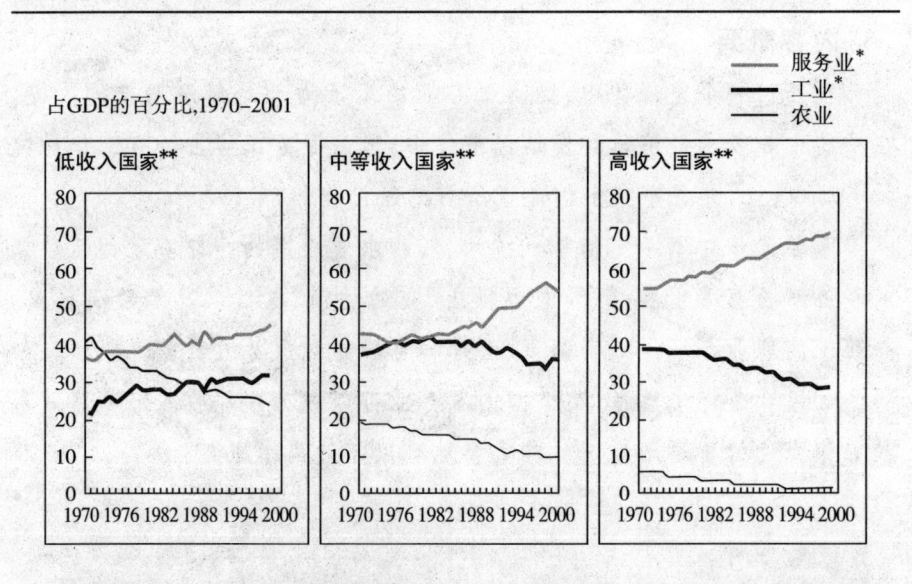

占GDP的百分比,1970–2001

图例:服务业*、工业*、农业

低收入国家** 中等收入国家** 高收入国家**

* 工业包括制造业、采掘业和建筑业;服务业包括个人服务、专业服务以及公共部门服务与公用事业。

** 世界银行对中等收入经济体的定义是:根据过去两年的平均汇率,2003年人均GNI在766美元到9 385美元之间的经济体。

资料来源:世界银行;世界发展指数。

那么,为什么这么多的政策制定者在发展计划中都忽略了国内服务业?一个原因是,服务业的名声不好。快餐店和美容院等机构所提供的低技术、低薪水的短期工作似乎难以成为现代经济的构成板块。但是这样的工作只是服务业中的少数:即使是在被广泛认为该类工作过多的美国,它们也只占服务业众多工作岗位的22%。事实上,服务业包括许多对经济增长至关重要的活动,如电力供应、交通运输、电信以及会计、研究员、医疗和金融专业服务人员等无数高技术、高薪水的职业(见"什么是服务业?")。

什么是服务业?

当今经济体中的市场服务活动种类繁多。《欧盟服务法令》(EU Services Directive)将这些活动分为三类:面向消费者的服务活动、面向其他企业的服务活动以及同时面向两者的服务活动。

美国以其发达的服务经济为特色,在大约10亿份服务工作中有29%属于消费者服务,其中包括零售、食品和家居服务,以及诸如汽车修配店、干洗店和美容店等个人服务。美国消费者服务工作中大约有77%属于低技能的销售和服务职业。这些工作中微型企业所占份额较大,具有较高的人员流动率,女性职员的比例偏大。[a]

由于经济体日益富有,B2B服务在整个经济活动中的比例不断升高。今天,它们所雇用的员工数量占所有美国服务部门雇用员工总数的27%,几乎和消费者服务部门一样多。这些服务活动包括:专业服务,如法律、会计和咨询;技术服务,如IT和软件支持;批发贸易服务和就业服务,如猎头公司和短期工作中介。发达经济体中企业服务在近期的快速增长,是专业化的结果。由于企业逐渐集中精力发展自身的核心能力,所以它们从第三方购买非核心服务的数量越来越多。

向消费者和企业都提供的服务包括不动产和银行服务,也包括建立在广泛的物理网络基础之上的服务,如通信和电力供应服务。上述两种类型的服务所提供的就业机会占服务部门总数的7%。剩下的36%的服务工作是非商业性的活动,如医疗、教育和公共部门的服务。[b]

第四章

> [a] Foster, Halwanger, and Krizan(2002) "The Link Between Aggregate and Micro Productivity Growth: Evidence from Retail Trade." NBER Working Press # 9120.
> [b] 我们并没有在本文中谈及非商业性服务。关于公共部门绩效改进潜力的看法,见 Dohrman and Mendonca, "Boosting Government Productivity," *The McKinsey Quarterly*, 2004 Number 4。

由于规章制度多年来受到忽视、设置不当,大多数新兴经济体中的国内服务生产力都要落后于出口部门。这是一大遗憾。MGI 的研究表明,如果竞争环境合适,整个国内服务业可以成为中等收入经济体创造财富和工作的重要源泉,其重要性可超过离岸服务。

更快的增长和更多的好工作

一旦经济体达到中等收入发展水平,服务业就成为了比制造业更为重要的就业增长之源。并且,与常人之见不同,这些新工作中很大一部分都是高技术、高薪水的。经济体的服务部门越富有活力和竞争力,其创造的工作就越多,GDP 就越大。

更多的好工作

1997 年以来,大部分发达经济体和许多发展中经济体的货物制造部门就业率下降,使得服务业承担起了创造所有新增工作的责任(见"1997—2003 年各部门对工作总净增量的贡献")。目前,在中、高收入水平的经济体中,服务业平均创造了 62% 的就业机会,而且一个国家的人均 GDP 越高,服务部门的就业比重就越大(见"服务业的比重高,且随着人均 GDP 的增长而增长")。[1]

1997—2003年各部门对工作总净增量的贡献

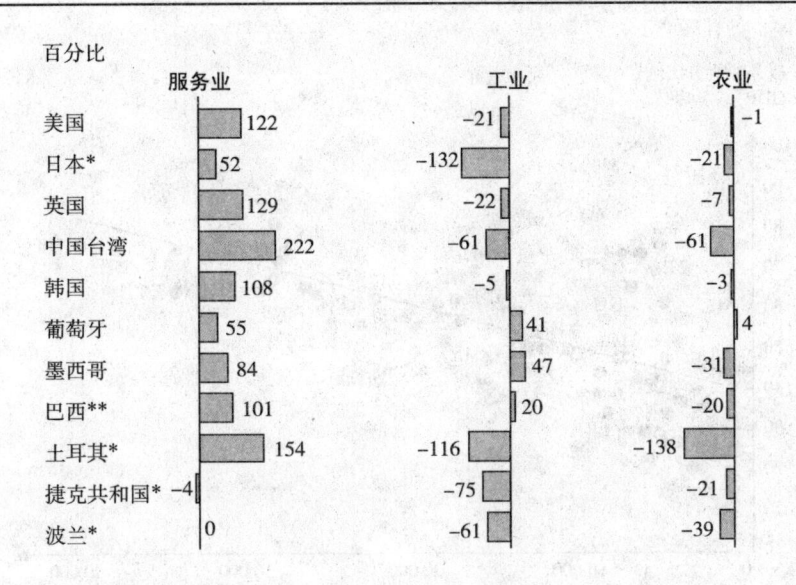

百分比	服务业	工业	农业
美国	122	−21	−1
日本*	52	−132	−21
英国	129	−22	−7
中国台湾	222	−61	−61
韩国	108	−5	−3
葡萄牙	55	41	4
墨西哥	84	47	−31
巴西**	101	20	−20
土耳其*	154	−116	−138
捷克共和国*	−4	−75	−21
波兰*	0	−61	−39

* 负的工作总净增量意味着在此期间该国工作总量是减少的。
** 1997—2001年。
资料来源：OECD。

由于更有效地利用劳动力、自动化和新的IT，制造业的就业率正在缩减。虽然各国努力在政策上保留制造业的工作，但1995年到2002年之间，全世界的制造业大约失去了2 200万个工作岗位。即使是中国这个"世界工厂"，也失去了1 500万份制造业工作，相当于中国制造业总工作岗位的15%，比世界11%的平均工作岗位流失率还要高。[2] 中国失去这些工作岗位主要是由国有企业改革所造成，海外制造业投资繁荣带来的新工作机会都不足以弥补失去的工作量。

让人多少有些吃惊的是，服务业实际上创造的高技术职业比制造业还要多。在美国，30%以上的服务工作在专业、技术、管理和行政职业上都属于高技术的范畴。相反，美国所有的制造业工作中，只有12%位于

第四章

服务业的比重高,且随着人均 GDP 的增长而增长

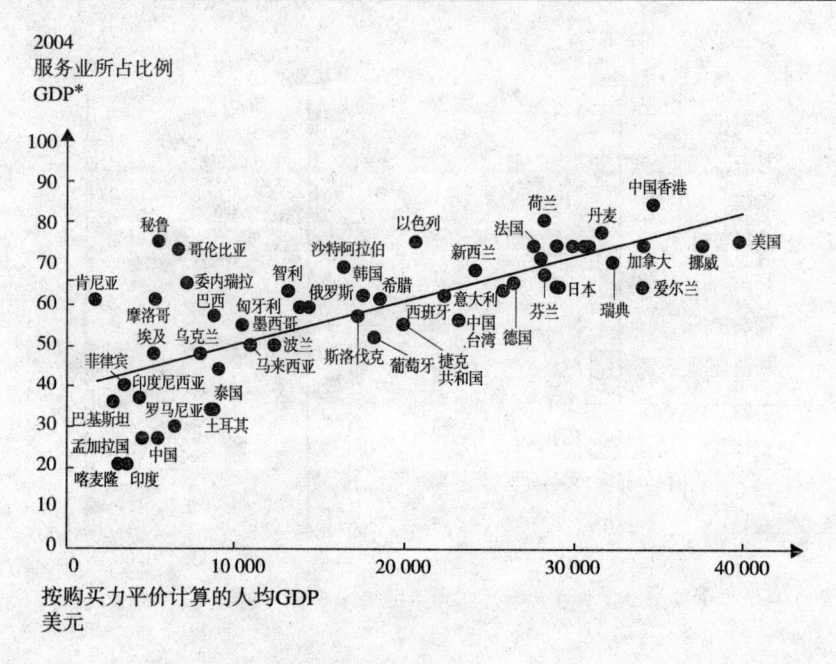

2004
服务业所占比例
GDP*

[散点图:横轴为按购买力平价计算的人均GDP(美元),从0到40 000;纵轴为服务业占GDP比例,从0到100。标注国家包括:肯尼亚、秘鲁、哥伦比亚、摩洛哥、菲律宾、巴基斯坦、孟加拉国、喀麦隆、印度、中国、委内瑞拉、埃及、乌克兰、印度尼西亚、罗马尼亚、巴西、匈牙利、墨西哥、泰国、土耳其、马来西亚、波兰、智利、俄罗斯、韩国、希腊、斯洛伐克、葡萄牙、沙特阿拉伯、以色列、新西兰、意大利、西班牙、中国台湾、捷克共和国、法国、荷兰、丹麦、日本、芬兰、德国、中国香港、加拿大、挪威、爱尔兰、瑞典、美国]

按购买力平价计算的人均GDP
美元

* 包括除农业、制造业和采掘业之外的所有部门。
资料来源:世界发展指数,全球洞察。

此列,这样的职业结构同样存在于其他发达国家。[3]另外,服务业中许多"蓝领"工作的报酬也很高,如电工、水管工和汽车技工。事实上,大致来看,美国服务业和制造业的薪金分布情况是很相似的(见"制造业和服务业的收入分布情况非常相似")。虽然服务业的低薪工作较多,但它也有许多高薪的工作,并且每个部门内部薪水的差异往往大于部门之间的薪水差异。此外,欧洲一些国家的经验表明,试图通过硬性规定最低工资和设置其他劳动力市场限制以抑制低技术服务工作的增加,不但不会增加高技术工作岗位,反而会导致整体失业率上升。

低技术消费者服务业的工作,与低技术的制造业工作一样,可能不

是最具吸引力的。但它们对于所有的经济体而言却是至关重要的,因为它们能为新增加的劳动力和毫无技术的工人提供正规的就业机会——这些工人构成了一个只能在非正规(因此也是非法)的工作和社会保障之间选择的群体。即使消费者服务业的工作者"在工作"中获得的有附加值的技术很少,正规的岗位也有助于他们或他们的家属到其他地方学习技术,从而在职业阶梯上更上一层。

制造业和服务业的收入分布情况非常相似

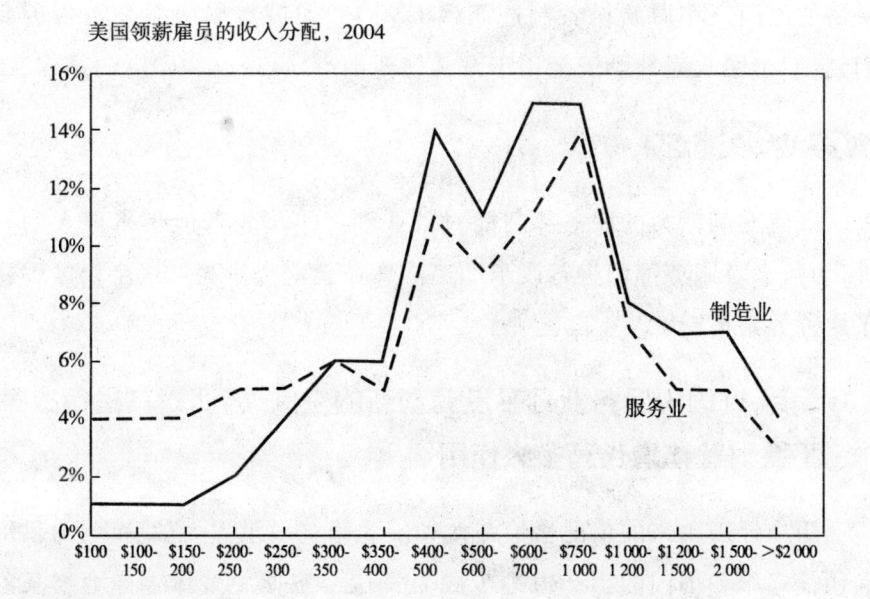

美国领薪雇员的收入分配,2004

每周平均收入,美元

资料来源:美国人口局,当前人口调查。

更快的增长

国内服务部门(如零售和建筑部门)因其巨大的绝对规模而成为

第四章

GDP 增长的重要推动者。由于各个企业都需要高质量的国内服务，所以能否获得高质量的国内服务影响到其他所有部门的生产率。好的国内服务对吸引外商直接投资也十分重要。电力、通信、交通的质量和成本都会影响到某一地区对跨国公司境外投资的整体吸引力。例如，20世纪 90 年代初期，印度刚刚出现的离岸部门由于电话和网络服务不牢靠而发展受阻。在国内电信服务得到改善后，印度的离岸业务才开始腾飞。事实上，MGI 采访跨国公司高管的结果表明，相对于政府的直接激励措施他们更看重较强的基础设施和可靠的网络服务。受到政府直接鼓励的巴西汽车原始设备制造商（OEMs）和印度离岸服务公司告诉我们，它们宁愿政府补贴资金用于改善巴西的港口、道路和印度的通信。[4]

服务业的误区

既然充满活力的服务部门能对就业和经济增长都能带来很大的好处，为什么对服务部门进行改革的经济体还会这么少呢？三个误区解释了这种异常情况。

误区 1：国内服务业几乎没有创新的空间，因此对其进行改革不会对整体增长有多大作用

历史展现出来的情况恰恰与此相反。第二次世界大战后，电力供应和通信等服务部门的生产力进步成为发达经济体中整体生产力增长的重要推动者。美国 20 世纪 90 年代后期生产力的繁荣大多归功于零售、批发和金融服务等服务行业。

事实上，MGI 对全世界各国的研究表明，各国零售和建筑等就业集中的大型国内服务部门的生产力水平差异，很大程度上造成了各国人均 GDP 数值之间的巨大差异。在土耳其，我们发现，制造业的劳动生产力平均为美国水平的 64%，而它的服务业只达到美国水平的 33%。

零售部门的改革对于激发生产力增长尤为重要,部分原因在于这些部门雇用的员工众多,并且该部门的进步刺激了上游供应商的生产力发展。例如,美国实现自由化的零售部门自1995年以来一直都是综合生产力增长的三大贡献者之一。

研究表明,解除对出口规模、营业时间或来自其他OECD国家零售商的产品选择的限制,也会促使本国零售商精简配送系统,提高销售量和就业率。其消费者也将从更低的价格和更多选择的服务中获益。[5]

还有一些研究表明,服务业贸易政策自由化给发展中经济体带来的福利通常要比制造业或农业的相同政策改革带来的福利大。服务业的贸易壁垒常常较低,打破贸易壁垒后所获得的经济利益却较大,这将给服务部门带来了巨大的生产力进步。[6]

误区2:提高服务部门生产力将使失业率快速上升

这种担忧集中出现在所有经济体中的大雇主——零售部门上。政策制定者认为,更具生产力的超市和大型折扣经营模式将驱逐传统的、生产力较低的小商店。然而这是经济发展的正常过程,它将带来更高的国民收入和整体就业率。

MGI的新兴国家案例研究表明,在大多数案例中,零售部门的净就业率在部门采取更加多产的经营模式时有所增加。超市和大型零售商由于具有较高的生产力因而能够削减价格,吸引更多的顾客,从而增加收入。在发展的过程中,它们雇用的员工数量也随之增加。其发展还刺激了食品加工和消费品制造等零售供应行业新工作的出现。例如,在墨西哥,零售部门对外资开放后,该国快速发展的正规便利店成了零售部门就业率增加的主要源泉。[7]同样,我们发现,在泰国和波兰(Poland),向拥有现代经营模式的零售商开放零售部门对就业率的最终影响往往也是中性或良性的。[8]

这一现象有助于解释,为什么在传统零售商所占比例很小的美国,

第四章

零售业就业人数在整个就业人数中的比例高于大多数中、低收入国家（在这些国家，大量零售业员工受雇于按传统模式经营的零售商）的这个比例（见"零售业的就业比例"）。

误区3：服务业不是工作岗位的可靠源泉

许多政策制定者仍然认为，制造业的工作不但比服务业的工作技术水平高、薪金高，而且更稳定，因为资本集中型工厂的成本固定，这就意味着其工作不可能是流动的。但事实果真如此吗？

零售业的就业比例

百分比

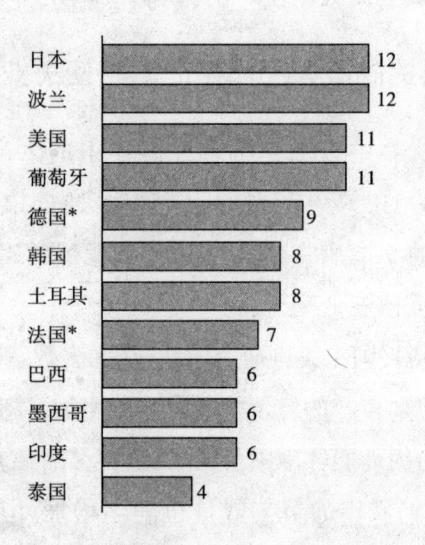

国家	百分比
日本	12
波兰	12
美国	11
葡萄牙	11
德国*	9
韩国	8
土耳其	8
法国*	7
巴西	6
墨西哥	6
印度	6
泰国	4

*不含汽车零售和加油站。

注释：1) 就业数指的是除了巴西的食品零售业之外的正规市场雇用人数，因为食品零售业中包含着大规模的非正规市场。

2) 数据取自1995至2001年间的不同年份，这取决于MGI对各国进行调研的年份。

资料来源：地方政府资料；麦肯锡全球研究院。

国内服务业：隐藏的关键增长点

服务工作的人员流动率肯定比制造业工作的人员流动率高，但总的来说，服务业是比制造业更可靠的就业源泉。无论在哪一年，因为工人辞职或机构臃肿所导致的裁员之故，经济体的所有工作中平均都会有10%归为完结。服务业中完结的工作比制造业多，而小规模经营的服务部门由于失败率相对较高，其所完结的工作会更多。

然而，通常来讲，通过新进入者的活动，整个服务业创造的工作岗位比丢失的工作岗位更多。[9]因此，如果不是一辈子只干一份工作的话，创造富有活力的服务部门是每个人在一生中都享有充分的就业机会的可靠保证。

例如，在1977至1987年间，美国汽车修理业流失了49%的工作岗位，但与此同时，它雇用的新的员工数量相当于该行业总就业人数的56%。因此，尽管几乎有一半的汽车修理工作在同期完结，该部门的净就业率还是增长了7%。[10]中等收入经济体该数据的增长虽然有限，却也表明了服务工作的破坏力和创造力是相当的。[11]

这些关于服务业的误区让许多政策制定者往往因为重视其他行业的扩张，而忽视了国内服务部门。但MGI的国家研究显示，他们做出这样的选择，要承担巨大的成本。以日本为例。上个世纪末，日本世界级的汽车、钢铁、机械工具和电子消费品制造商创造了传奇式的业绩。但它们的产量只占GDP的10%。日本经济体其他部门的生产力——其中68%属于国内服务业——只达到美国水平的63%，这个数据令人沮丧。[12]国内服务业生产力低下，是对日本GDP增长在20世纪90年代减慢的有力解释；同样，此后服务部门的渐进式改革也有助于解释最近日本经济业绩为什么有所改善。日本内阁办公室（Japan's Cabinet Office）认为，撤销电信、交通、能源、金融和零售业的管制规定是该国2002年GDP达到4.6%的原因所在。[13]

忽视和过分管制服务行业也带来了不良的后果，纵容了非正规服务

第四章

部门的增长。在许多中等收入的发展中国家,零售和建筑等服务业的大部分产品来自于非正规企业,这些企业既不交纳全部税款,也不遵守工人安全保障规定和其他规定,甚至都没有注册。这种不劳而获的成本优势使得低生产力的竞争者能够幸存下来,并且阻止更具生产力的正规企业获得市场份额。例如,MGI发现,在巴西的食品零售部门,依法纳税、生产力强的现代正规零售商相对于小型、低生产力、逃税的非正规竞争对手而言,成本劣势很大。并购非正规企业并不是补救之道,因为并购后的规模收益太小,无法承受税收负担。于是,服务业中更具生产能力、薪金更高的工作的增长受到限制,巴西零售部门的平均生产力只有美国水平的16%。[14]

如何发展富有活力的国内服务部门

政府政策制定者如果热衷于通过释放国内服务业力量,形成增长,创造工作岗位,他们就必须清除阻碍竞争的障碍。这要求设立公平的竞争场所,使得服务业可以通过自由竞争获得资金、劳动力和技术;要求消除对服务业不当的限制;要求处理非正规经济行为。

设立公平的竞争场所

政府首先需要消除长久以来对服务业的偏见,并给予其公平的财政、金融和发展政策。然后,服务业才可在同等条件下与制造业竞争资金和工人。

- 向国内服务业开放资金市场。服务业的投资应该按照与制造业投资相同的标准来评估。但许多国家却没有这样做。指导性贷款政策长期以来在银行部门十分流行。例如,在迫切需要制造业驱动增长的时期,韩国银行完全被禁止贷款给娱乐和地产等消费者服务部门。今天,在中国,国有制造企业贷款占总贷款量的65%,但其制造的产品只占工业产品量的35%。大部分发展中国家股票市场的IPO规定只允许大型企业参与,歧视只有较小企业的服务业部门。所以,政策制定者需要放开对金融系统的管制,这样他们就可以公平地对待每个部门,将资金投到可带来最高回报的项目上。

- 结束行业补贴。政府出于国家利益的考虑,常常公开地对制造业投资进行补贴。例如,为了建立民族汽车企业,马来西亚对宝腾(Proton)公司的创立给予支持。巴西政府为每份工作提供价值10万美元的补贴,以便国外汽车制造商在当地投资建厂,这使得巴西吸引了众多的投资。然而,最终的结果却是产能过剩,整个行业的生产力普遍偏低。此类补贴不但常常会浪费纳税人的金钱,而且还会让服务业处于不利之地。

- 将有利的商业环境扩展到服务业。许多中等收入经济体都为外国制造商和出口制造商设立了经济特区,在税收和关税税率上给予它们较大的优惠,对它们的限制也比对国内企业少。既然创造让企业繁荣的环境是很有意义的,为什么不让所有的企业都享受这种环境呢?政府应该在不同部门设立平等的规制,并在整个经济体中设置企业能够承受的税负水平。

- 对制造活动和服务活动进行有形整合。目前,国内服务提供商与经济特区通常在地理位置上离得很远,这使它们更难为特区内的企业提供服务。例如,位于墨西哥商业中心的服务提供商就远离美国边境的出口加

第四章

工区,地理位置上的距离成为服务提供商所面临的一个挑战。如果能将"经济特区"的优惠条件扩展到所有企业,就会产生一个额外的好处,即让这些企业在地理位置上离得更近。随着制造商将更多的原有内部职能外包给第三方服务提供商,这一点将变得越来越重要。

清除限制服务业竞争的产品市场障碍

MGI生产力研究表明,针对服务部门的不当的产品市场规制是扩大竞争的最大障碍,而扩大竞争能促进更具生产力的流程的传播。产品市场规制控制着企业的所有权、贸易、外商直接投资、土地的使用、价格和产品等各个方面。但错误设计的规制阻碍了新竞争者(特别是国际竞争者)的进入,挫伤了现有竞争者创新的积极性,限制了企业的规模,从而降低了竞争的激烈程度。[15]

- 减少公共部门的所有权。在许多新兴经济体中,公共事业、电信和银行等部门长期以来一直掌控在政府手中。这些部门贫乏的投资和低下的生产力不但阻碍了自身的发展,还阻碍了其客户的发展。据估计,因为自1993年以来墨西哥电网投资完全由国家控制,所以迄今为止其所放弃的可获电网投资额已高达500亿美元。

- 消除服务业外商直接投资的障碍。这样,就可以敞开大门欢迎大量资金的流入。[16]另外,这也可以让国家从最佳实践和跨国公司所带来的日益激烈的竞争中获益,从而提高服务业的生产力。例如,20世纪90年代,在许多拉美国家解除了零售银行外商直接投资的限制后仅仅10年的时间里,国外企业在拉美银行部门的投资就超过500亿美元。

- 拆除阻碍规模经营的不必要壁垒。规模经营可让企业的生产力大幅增长。然而许多企业的经营规模受限,如店面大小和土地使用面积都受到限制,它们的生产力在无须时常承担相应社会成本的情况下原本会更高。例如,住房建筑业的生产力非常依赖建筑规模。然而,在德国和法国,建筑公司却不能获得足以支持大规模住房开发的土地。这就解释了为什么德国和法国的建筑业的生产力落后于荷兰和美国。[17]购买土地在许多新兴经济城市中同样困难,因为这些城市大而拥挤,并且土地所有权不明晰。解决这个问题的方法是,将土地所有权明晰化,这样就可以更容易地进行土地交易,并且发挥土地最大的生产效用。[18]为了保护小的零售店铺不受大型零售店的影响,许多政府还限制了商店的规模,但这一举措却是以失去较高的零售业生产力为代价的。例如,法国的区域划分法要求零售商只有在获得当地政府授权后,才能开设超过300平方米的新店铺或扩大现有店铺。[19]

厉行财政和行政规定,减少非正规经济组织

小公司在服务业中的比例很大,它们尤其有可能无视税规、员工利益和其他规定,进行非正规经营。非正规经营对发展造成的障碍远超过新兴及发达经济体的政策制定者的想象。[20]减少国内服务部门中的非正规经济组织的数量,国内服务部门的生产力、发展程度和就业率都会快速提高。

- 加强执法。大多数非正规企业之所以逃税和无视诸多

第四章

规定,是因为它们能够侥幸成功。加强监管和审计服务以及加重对违规行为的处罚将有助于推动企业进入正规部门。

- 消除烦琐的手续。这样将简化企业必须遵从的规定。例如,许多公司从未注册,因为注册过程太耗时、太复杂。著名的经济学家、作家赫尔南多·德索托(Hernando de Soto)发现,在埃及,注册一家新的面包店平均要用549天。[21]因为国家基本不可能对未经注册的企业征税,所以简化注册程序非常重要。简化纳税手续也有助于增强简化注册流程所带来的益处。

- 减少税金。许多新兴经济体都有慷慨的政府,但它们的慷慨却建立在向正规部门的企业征收高额税金的基础之上。这增强了非正规竞争者所享有的不公平优势,使它们更不愿回归正规。降低税率可以处理以上两个问题。事实上,将较低的企业税率和较强的执法结合起来可以在整体上增加税收。

利用服务部门的"创造性破坏"

服务业的本性就是充满活力的。为了使整个服务业的就业率最大化,企业必须可以自由地成立、发展、创造更多的工作岗位,或者当它们无力竞争时,可自由地缩小规模、裁员或关张。为了让创造性破坏的过程更加流畅,政府需要对政策做细微的改动。

- 简化创立和发展新企业以及关闭竞争失败的企业的过程。这意味着应减少企业成立和破产上的烦琐程序。此外,政府应该让小企业更加容易地享有企业所有权。

保障了所有权，就意味着企业所有者可以将企业本身作为抵押获得企业发展所需的贷款，并在合适的时机出售企业。

- 提高劳动力流动性。劳动法旨在提高工作保障，但高昂的解雇成本却不利于企业在业务繁忙时期雇用更多的工人。一些企业甚至试图绕开这样的劳动立法，它们雇一些人做"临时工"，然后在法律认定他们为长期工之前将其解雇。另一方面，对临时的、季节性的或兼职等就业方式的限制，也让企业难以根据需求波动调整员工数量。所以，政府应该审核劳动法，看看它们是否会带来这类不幸的无心之过，然后对其进行修改，这样雇主就可以创造工作岗位，而工人也可以更加容易地获得这些工作了。

发展中经济体的发展战略已经忽略国内服务业长达半个世纪。政策制定者的想象力反而被进口替代、出口制造业以及最近的出口服务所吸引。但富有活力、充满竞争的国内服务业可以对整个GDP和就业率的增长做出巨大贡献。事实上，实现国内服务业的较高生产力是中等收入经济体以及发达经济体确保所有人在一生之中都有就业机会的唯一出路。

黛安娜·法雷尔　马丁·尼尔·贝利　贾安娜·雷米斯
《麦肯锡全球研究》，2005年11月

第五章 提高政府生产力

托马斯·多尔曼 莱恩尼·T.门敦卡

内容概要

在支付养老金的同时,其他人所接受的服务的水平就会直线下降,税费也会上涨,这是发达社会所要面临的问题。提高政府生产力能使这些问题大大缓和。

在发达世界,国家掌控着大量的经济资源,因此提高政府部门的绩效可以产生数亿美元的价值。

我们需要关注政府生产力,理解并加强它的作用,让即将到来的财政挑战变得更易管理和应对。

美国 7 600 万婴儿潮时期出生的人在接下来的 20 年内将相继退休。届时,老年人口将迅速增多,其在美国人口总量中的比重将超过 20％。这些人的退休将会给美国造成巨大的代价。同期,欧洲和日本的老年人也将超过 30％。老年人口的增加导致政府的每一美元都必须发挥最大的效用,这将造成一种新的紧迫感。不但除了老年人的医疗和退休金服务之外的公共服务要承受巨大的压力,而且官员也要努力平衡退休人员和年青公民的需求,同时还要把税收保持在政治上可接受的水

第五章

平。因此,提高政府的绩效是任何一个国家都不容忽视的必要之举。

可以肯定的是,这方面的努力以前就有。20世纪90年代初美国前副总统阿尔·戈尔(Al Gore)曾试图"彻底改革政府机构",并取得了一些成功。总统乔治·W.布什当局(George W. Bush)也致力于改革阻碍合理管理实践的国民服务规则。政府问责办公室(The Government Accountability Office,即前美国审计总署)一直都在负责敦促政府部门应对管理挑战。在英国,彼得·格申(Peter Gershon)最近对政府效率所做的评估[1]推进了改善整个公共部门生产力的工作,其目标是到2008年末公共部门节约200亿英镑的开支。

但是,致力于改革的行家里手却认为,上述努力只是刚开始触及政府绩效潜力的皮毛而已。原因之一是,改革需要持续的关注,而当利益集团利用它实施政治阴谋时,其本身所受到的关注常常很少。此外,政治文化一直只倾向于立法,而不注重实施和管理改革计划。很少有人是因为改善政府运行的方式而出名的。

然而,即将到来的下个世纪会带来超常的财政压力,这种压力将迫使领导者克服上述困难。在发达世界,国家掌控着大量的经济资源,因此改善政府部门的绩效可以产生数亿美元的价值(见"大份额")。我们与50个国家的公共机构共事的经验表明,虽然要抓住机会很难,但还是有机会足以让老龄化社会所面临的艰难选择变得不是那么难以接受。但是,仅仅几年后,第一批婴儿潮时期出生的人就要开始享受退休保障和退休金等福利了,已经没有时间可以浪费了。

奖品的大小

生产力是政府绩效的核心所在。许多人都认为,提高生产力等于削减成本和解雇员工,这种想法实际上误解了其真正的意思。其实,生产力表明的是用一定量的投入生产出的货物和服务的数量和质量。

大份额

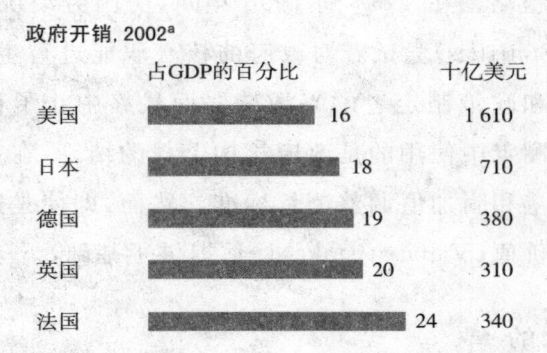

政府开销, 2002[a]

	占GDP的百分比	十亿美元
美国	16	1 610
日本	18	710
德国	19	380
英国	20	310
法国	24	340

[a] 包括政府在所有货物上的开销和个人消费的服务(如教育)或集体消费的服务(如防卫、警察);不含所有的转移支付(如退休金)。
资料来源:OECD。

减少投入当然可以提高生产力,但也可通过提高产品的质量和数量来提高生产力。实际上,解雇员工常常会导致服务质量下降,从而降低生产力;可能有些矛盾的是,促进生产力发展,既可以节约成本,又能改善服务。

在上述任何一种方法中,提高生产力(无论是公共部门的还是私营部门的)都是提高生活标准的关键所在。例如,在美国半导体行业,由于数据处理速度加快,生产力在1993到2000年间年均增长75%。虽然芯片的价格大体保持不变,但由于对消费者来说,这些芯片处理能力更加强大,价值更高,所以该行业的生产力提高了。在公共部门,改善教育成果或减少罪犯中累犯的数量,即使花费了更多的钱,也同样会提高生产力。另外,提高个人和公司的纳税比例可以提高税务部门的生产力。

提高政府生产力可以带来大量的节约和质量的重大改进。10年后,美国政府的生产力至少可以增加5%,也有可能达到15%或20%——这已是非常保守的估计了。其他国家将会获取的潜在收益同样令人印象深刻(见"回报会是巨大的")。

第五章

　　无可否认的是,评估公共部门的生产力困难重重,因为其中一些数据总是十分粗略。在 1969 到 1994 年间,美国劳动统计局(US Bureau of Labor Statistics)尝试着对政府的核心职能进行生产力测定,但由于预算减少和政策制定者的兴趣减弱而最终中止了该试验。美国劳动统计局在测定中使用的是政府机构上报的结论,在一些领域并没有针对服务质量和附加值调整测量标准。然而,即使是这些不完善的信息也为在险价值(Value at stake)评估提供了基础。

回报会是巨大的

提高公共部门生产力所得的潜在年收益的估计值[a],十亿美元

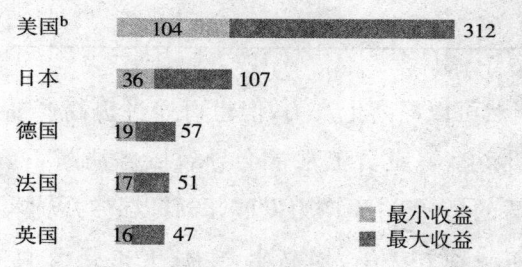

国家	最小收益	最大收益
美国[b]	104	312
日本	36	107
德国	19	57
法国	17	51
英国	16	47

[a] 按 2002 年美元价值计算;按潜在开销减少量计算,生产力提高 5%—15% 可减少潜在开销。
[b] 医疗、公共医疗补助包括在基本开销中。
资料来源:OECD;英国国家统计局;美国劳动统计局;麦肯锡分析。

　　为了评估生产力的增长潜力,我们从比较私营部门和公共部门的生产力增长率着手。在美国,我们使用了私营企业的国家核算数据以及"联邦生产力测量项目"(Federal Productivity Measurement Program)中公共部门的数据。当然,这两套数据使用的是不同的挑选和测量方法,因此想要比较绝对的生产力水平是不可能的。但我们可以利用这些数据来比较每个部门的生产力增长率,从而至少可以粗略地评估提高政

府生产力的价值。[2]

这些数据表明,公共部门和私营部门的生产力在1987年以前增长的步伐基本上一致,但从1987年起两者开始出现差距(见"公共部门滞后")。私营部门的生产力在1987到1995年间每年增长了1.5%;1995年

公共部门滞后

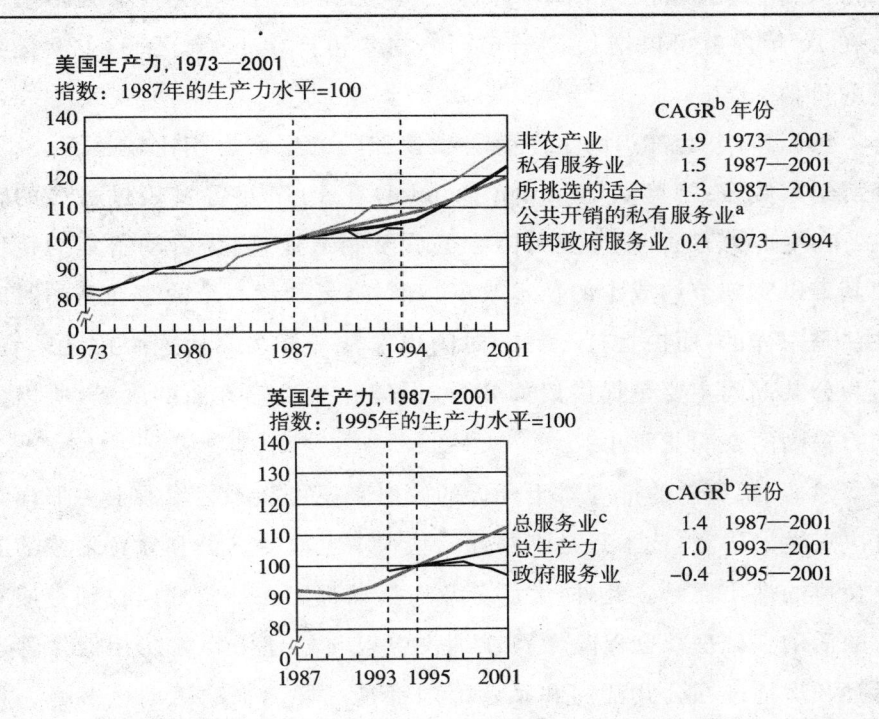

美国生产力,1973—2001
指数:1987年的生产力水平=100

	CAGR[b]	年份
非农产业	1.9	1973—2001
私有服务业	1.5	1987—2001
所挑选的适合	1.3	1987—2001
公共开销的私有服务业[a]		
联邦政府服务业	0.4	1973—1994

英国生产力,1987—2001
指数:1995年的生产力水平=100

	CAGR[b]	年份
总服务业[c]	1.4	1987—2001
总生产力	1.0	1993—2001
政府服务业	-0.4	1995—2001

[a] 包括教育、医疗以及根据其在整个公共服务消费中所占份额确定的其他私有服务业(不含转移支付,如退休金)。

[b] 复合年增长率。

[c] 包括所有公有和私有服务业(后者约占服务业总开销的33%)。

资料来源:Jack E. Triplett,布鲁金斯学会经济研究访问学者;英国国家统计局;美国劳动统计局;麦肯锡分析。

第五章

后,年增长率为3.0%。与此相反,我们最好的预计表明,到美国劳动统计局停止测算之时止,公共部门的生产力几乎原地不动,从1987年到1994年只增加了0.4%。而且,没有证据表明,公共部门的生产力在此后曾经历过私营部门所享有的增长爆发期。在英国也同样出现了相似的增长差距。[3]其他国家的政府生产力数据尚不可得。如果美国公共部门能够将公、私部门间的生产力差距缩小一半,政府的生产力在10年内就可以增长5%—15%,每年可产生1040亿—3120亿美元的价值。

然而,将公共部门的生产力与私营部门的生产力相比较是否公平?经济学家威廉·鲍莫尔(William Baumol)在1967年曾发表过著名的言论:[4]在生产力方面,服务业可能会落后于制造业,因为劳动密集的特性使其难以实施节约成本的技术改革。例如,老师读一个故事花费的时间往往是一样的,而护士打一针的时间也常常一样多。从这个角度来看,因为公共部门主要是提供诸如教育、保健和执法等方面的服务,所以生产力提高的空间非常小。

然而,鲍莫尔的推理对于今天的政府来说可能不会像看上去那样具有决定性。毕竟,技术只是刚刚开始从根本上改变保健和教育领域的服务交付的性质而已。此外,大部分政府活动都能在私营部门找到直接对应的活动。处理社会保险缴费或纳税申报与处理保险索赔相似。管理后勤和房地产在公共部门和私营部门都是一样。采购活动也一样。在上述各个领域,私营企业已经找到了大力促进绩效的途径,因此没有理由认为公共部门不能如此。

我们对这种机会大小的预计与其他资深研究者所得出的结论一致。例如,约翰·温伯格(John Wennberg)与其在达特茅斯学院(Dartmouth College)的同事发现,保健部门的生产力增长可以高达25%。[5]他们的工作表明,美国医疗成本的基本地区差异与人们享受保健的途径、质量或健康状况没有联系。将所有地区的成本降低到与成本耗费最小的前1/5的地区相持平的水平（根据疾病流行程度、医疗价格、年龄、性别和种族等方面的差异做出调整），能将每年的医疗花费减少近20%，同时不会降低医疗受众享受的医疗标准。[6]这样的转变意味着生产力将会增加25%。此外，美国卫生与公众服务部（US Department of Health and Human Services）国家健康信息技术新协调官戴维·布雷勒（David Brailer）估计，IT基础设施的广泛现代化将通过节约管理和临床开销最终使国家医疗成本减少10%。国家安全商务主管会（Business Executives for National Security）也发现，与效率更高的私营组织相比，五角大楼在居住、投资管理、工资报表处理和出差等职能方面浪费了高达10%的预算。无论具体的数据是多少，所有的证据一致表明：提高政府生产力的机会非常大。

提高政府绩效

我们要阐明一点：呼吁再次关注政府生产力并不是要为轻率地削减政府开销提供说辞，也不是要为更多基于意识形态而非基于效能考虑所发起的"反工会运动"做辩护。这个举动也并不打算在老龄化社会将要面对艰难的预算决定时诱发自满情绪。

相反，我们呼吁采取行动是希望发起一场必要的对话，讨论政府的生产力在使即将到来的财政挑战变得更加易于管理、更加缓和的过程中所扮演的角色。在永远充满财政压力的时代，自由主义者应该欢迎更有效率的政府，因为它能确保有更多的资金满足社会需要。保守主义者也应该欢迎更有效率的政府，因为它能帮助维持稳定的税收水平和强劲的经济增长。提高政府绩效可以成为双方少有的共识。

在过去的10年里，世界上少数公共部门组织——学校、公共福利机

第五章

构、保健系统、邮政和交通系统以及军队——已经将它们的绩效提高了5%—30%或更多。通常,它们会在三种提高生产力的经典管理工具中做出选择:组织结构再造、战略性采购和经营流程再造。在最有效的情况下,这些工具是更为广博的文化变革计划的一部分,而文化变革会改变组织的绩效并严格地对其进行衡量。[7]

组织结构再造

针对终端"顾客"设计组织,不但减少了他人对组织的复制,还优化了那些既能减少成本又能提高服务质量的流程。想想美国伊利诺伊州的经历吧。1997年,它对六个独立部门的公众援助计划实施统一管理。最初,即使这六个部门的1 800万名顾客中已有超过半数的人享受不止一项的服务,伊利诺伊州也必须分别联系这六个部门,给它们提供同样的信息。而新成立的公众服务部(Department of Human Services)是一家一站式的"店铺",它确保了服务对象能获得所需的所有服务——而在过去,其中许多服务对象都不能享受这一切——并消除了计划和后台管理流程被他人复制的可能。这样,该部门就能够重新部署资金和人员,完成早期干预等新的计划。

对于德国社会和劳动政策未来之路,公众议论纷纷,观点针锋相对。德国联邦职业介绍所(German Federal Employment Agency)正是在这样的议论中进行重组。总部人员从1 100人缩减到了400人,经营责任也有效地分散到了10个地区分部。地方介绍所及其服务内容的大规模重新设计开辟了一条成功之路,给顾客带来了实实在在的好处,如等待时间减半,咨询时间倍增等。这些变化大大提高了顾客的满意度。

战略性采购

改善供应商管理和采购运作流程,能够帮助组织削减开销,提高其所购买的产品和服务的质量。在此方面不断努力的政府往往将订单标准化、固定化,指定心仪的供应商,如果它们达到了交付和质量上的目标就对它们进行奖励,并与它们合作探索改善生产流程、减少成本的方法。有时候政府的规制会使公共部门的采购流程改造变得十分困难,但仍旧可以获得巨大的进步:伊利诺伊州在 2004 财年节约了 1 亿多美元,并期望在 2005 财年节约 2 亿多美元(见"伊利诺伊州是如何削减采购开销的?")。此外,该州采购的许多货品的质量都变得越来越好。

有时候,负责采购的官员可以通过了解供应商的经济策略来大量削减成本。例如,一家美国联邦机构最近就与外部供应商更新了 IT 合同。通过建立供应商的具体成本模型并对供应商各自不同的成本要素按一定基准进行调整,它在与供应商协商后所得的价格比最初的竞标价低 60%,从而在双方为期 5 年的交易中节约了数亿美元。

这些例子中出现的机会并不具有什么特殊性:大多数政府机构都能改善采购流程。例如,田纳西州计划通过购买最便宜的药品而不是名牌药品,每年可以节约 3 亿多美元的医保和公共医疗补助成本,同时不影响保健质量。而全美国的学校已经在食物、保安服务、教材和交通等方面,通过更灵活的购买方式节约了 10%—35% 的经费。(大的学校系统用这种方法每年可以节约 3 000 万—4 000 万美元。)军队和安全开销上存在的机会更大,其中的一个原因是,该项开销在政府总合同费用中的比例超过 70%。英国也正在试图通过"精明采购项目"(Smart Acquisition program)抓住这种机会。该项目是一整套改革,旨在减少官僚主义,削减采购成本,加速设备的交付。

经营流程再造

重新设计经营流程从而减少浪费,消除不必要的努力,并迅速改正

第五章

错误,也可以将生产力提高到惊人的程度。想想美国邮政管理局(United States Postal Service, USPS)的例子吧。自1999年以来,它的投递地址数增加了700万——数量几乎与整个芝加哥市区的地址数相当。不过,通过复制最佳捡信工厂的最佳实践,并改善递送和柜台经营,USPS节约了55亿美元。这样,在很大程度上通过员工的退休和自然离退,它将全职劳动力减少到6.9万人,并将生产力提高了6%。此外,顾客满意度和其他服务质量检测值都达到了历史最高水平(见"你可以快捷地拿到邮件")。

"电子政府"(e-government)举措也可以快速改善服务,提高顾客的满意度,同时将成本削减25%或更多。[8]在新加坡,以前申办一张出口许可证需要填写21张表格,花费三周来处理,现在却只需在线填写一张申请表,15秒钟后就能获得批准。美国国内税务局(US Internal Revenue Service)处理一张电子纳税申报单只需0.40美元,而纸质的纳税申报单却要1.60美元。亚利桑那州交通局(Arizona Department of Transportation)在线更新一张司机的驾驶证只需要1.60美元,而在分支办公室现场办理却要6.60美元。将实施在线交付与重新设计支持在线递送的后台处理流程结合起来,可以让成本减少35%—40%,同时顾客的满意度也会提高。

克服障碍

如果政府很容易就能改善绩效,它们可能早已这么做了。事实上,它们面对的是非同寻常的挑战。而竞争正是其所缺少的最重要因素。MGI在全世界范围内十多年的研究表明,垄断企业、受政府规制保护的企业和其他几乎没有竞争对手的私营企业,生产力往往非常低下。[9]因为没有竞争,管理者就没有动力大胆采用新技术。

对政府而言,该问题的解决方法在于在服务提供中引入竞争机制,并赋予公民在同类服务中进行选择的能力。例如,特许学校的建立就在公共教育中形成了竞争。诸如采购、房地产管理、工资福利等后台服务的外包也给这些职能领域带来了竞争。而允许私有企业投标竞争社会服务合同,则使得它们可以与政府供应商相竞争。

是对人口老龄化问题做出的一个回答吗?

随着人口快速老龄化,发达国家产生了财政危机。如果公共部门的生产力现在就开始持续增长,它将对缓解日益迫近的财政危机产生一定的作用。OECD 预计,到 2050 年,为了适应退休人员的需要,公共开销的增加额平均将达到 GDP 的 6%。[a] 但是,战略与国际问题研究中心(Center for Strategic and International Studies,CSIS)却反驳说这些预计太过乐观,它认为,到 2040 年开销的增加额将超过 GDP 的 12%。[b] 利用介于 OECD 和 CSIS 两种观点之间的假说,我们预计,美国这项开销的增加额将达到 GDP 的 8%,不过较高的出生率和移民率有望让美国比别的发达国家更能缓和社会老龄化的影响;而在德国这个老龄化趋势更加显著的国家里,该项开销的增加额将超过 GDP 的 10%。

既然很快就需要大量的开销来满足老年人的需要,那么如何控制开销呢? 通常之选是,降低政府为退休人员提供的福利水平或控制其增长,减少为其他人口提供的公共服务,并增加税收。而提高公共部门的生产力可以减少上述做法带来的痛苦。事实上,每年美国公共部门的生产力再提高 1.4%,而德国再提高 1.6%,两国政府就都可以维持目前的公共部门服务水平和社会福利水平,并且无须提高税收,也无须借债。

毫无疑问这些都是非常大的进步,而它们都是可能实现的。毕竟,在 1987 到 1994 年间,美国私营部门的生产力增长率比公共部门预计的最好情况只高一个百分点。而在 1995 到 2001 年间,英国的私营部门的生产力增长率比公共部门预计的最好情况也只高 1.8%。所以,即使缩减两者之间的差距不能消除人口老龄化给人口本身带来的财政影响,政府还是可以让社会在做出艰难的财政选择时不是那么痛苦。

第五章

> [a] Pablo Antolin, Thai-Thanh Dang, and Howard Oxley, *Fiscal Implications of Aging: Projections of Age-Related Spending*, OECD Economics Department working paper number 305 (2001).
> [b] Neil Howe and Richard Jackson, *The 2003 Aging Vulnerability Index*, Center for Strategic and International Studies and Watson Wyatt Worldwide, Washington, DC, 2003; and Richard Jackson, *The Global Retirement Crisis*, Center for Strategic and International Studies and Citigroup, Washington, DC, 2002. 这两篇文章可在以下网站找到: www.csis.org。

如果不能在公共部门创造竞争,公共部门的领导还可设计其他的激励措施。首先,如果政府为预期的绩效提升做了精心的安排,就可以督促管理实现改进目标;在英国,格申对公共部门的效率所做的评估已经为各个政府部门制定了三年的生产力目标,其中包括在实行财政节约和减少职员人数的同时,确保政府部门的正常服务水平。另外,公布顾客满意度的调查结果,确定调查的基准和服务质量的测评尺度,可以使政府的绩效更加透明,结果也有助于公民积极参与呼吁改革。

如果说实施这些举措是令人生畏的挑战,成功实施这些举措的原则和前提也是一目了然的。当公共部门的运作透明度提高了,其可信度也会增加。确定绩效的评价标准并对其进行追踪,可帮助管理者提升他们的绩效。将公共部门的各项活动置于竞争之中,既改善了服务又减少了成本。不过,成功实施上述举措的关键在于拥有忠诚的领导层,大量重要的人才,为了实现生产力目标而精心设计的流程,以及一些普通民众——这些人知道自己与公共部门生产力的提高密切相关,并认为官员应担负起实现这一目标的责任。建立公众信心,获取媒体支持,激发人们对变革的兴趣的一个方法就是,设计改革措施,从而带来引人

提高政府生产力

注目的早期成功。

此刻不动，更待何时？

鉴于其所面临的机遇，政府只有两条路可以走。第一条路是，政府照常为婴儿潮时期出生的人提供退休金，但这一定会让公民在未来十年内纳税增多，收入减少，享受到的服务的质量下降。此外，随着一代管理者逐渐步入退休阶段，政府将面临人才危机，那时大众的离心离德很可能会加深。

另一条路是，制定一份认真、持久的日程以提高整个政府的绩效，这条路并不会太好走。但作为全国迎接人口老龄化挑战的众多举措的一部分，它可以在关键时刻为公共服务吸引人才。今天，各个层级的政府都面临着前所未有的人才流失和机构知识的流失。近3/4的高级联邦官员在接下来的数年内都可能退休；而在加利福尼亚州，近1/3的劳动力都已接近退休年龄。因此，为了激励能够填补退休领导人空缺的新一代，政府必须转变自我。

如果政府领导人从一开始就用另一种方式思考他们是怎么做的，应该如何工作，其结果可能会让愤世嫉俗的人大吃一惊。公共部门毕竟引导过历史上一些最为杰出的管理壮举，从曼哈顿计划到宇宙飞行，到子弹头火车，再到消灭天花，全都是公共部门的功绩。一份恢复政府活力的计划可以让公民更加积极地投身于其中，可以启动一个不断改进的良性循环，还可以缓和社会老龄化的影响（见"是对人口老龄化问题做出的一个回答吗？"）。

即使没有获得广泛授权，有远见的政府官员也可以从实现自身组织内部生产力的真正进步着手。德国联邦职业介绍所、伊利诺伊州和USPS的例子已经表明，巨大的收益是可以取得的。从诸如采购等受政治控制较少的领域起步，政府领导人可以获得经验，建立信誉，从而处理

第五章

包括教育和保健在内的更为敏感的领域内的变革。

空前的财政压力在几年之后就会到来,它应该会促成一种新的国家对话,而对话的规则可能会被重新设定。各级政府的领导人必须思考的问题是,各级政府组织如何才能立刻启动计划,实施先进国家将会迫切需要的绩效改进方案。现在就行动吧!

伊利诺伊州是如何削减采购开销的?

奇普·W.哈尔特(Chip W. Hardt)　拉维·P.拉奥(Ravi P. Rao)

随着大量的劳动力将在未来几年进入退休阶段,公共部门将面临不断加大的压力,它们将不得不增加自身的资金储备量,从而为老年公民提供服务。而更多的人在依靠固定的收入生活,这就意味着国家政府不能依靠个人所得税和其他传统的收入调节手段来填补预算缺口。同时,包括赌博娱乐和彩票在内的创收法已经显示出了局限性。

为了控制赤字,有必要好好看看等式的另一边——成本管理和采购政策。政府将越来越需要借鉴私营部门的成功做法,并对其进行调整,以应用于那些常常无法享受普遍的管理自由而且还要面临员工对改革的强烈抵制的机构。这些机构中的障碍可能会使政府难以更早地采用私营部门的成功做法。2001年网络泡沫的破灭和经济的低迷破坏了国家、地方政府和学区的预算,即使如此,公共部门也未采用私营部门的做法。所以,提高政府的管理效率十分必要。

采购是一个国家可以不顾这些障碍而成功创新的领域。去年,伊利诺伊州转变了其采购体系——在过去175年内这个体系一直都是由各个机构拼凑而成。伊利诺伊州过去在诸如监狱食品、电话和复印机等货品和服务上的开销,每年为150亿美元,但改革让它节省了1.1亿美元。到2005财年,该州的节约量将达到这一数字的两倍之多。

伊利诺伊州成功节约的方法为其他州政府提供了经验。2003年转型伊始,它还是100多家机构、部门和委员会组成的综合体,每年所有的开支超过500亿美元。如果这个州是一家名为"伊利诺伊有限公司"的私营企业,它将荣登《财富》100强榜单。每个机构或部门都有自己的预算,并能决定自己的开支。这其中的理念就是,各个机构的任务、相应的战略和经营都有很大的不同,因此它们要求获得尽可能高的灵活度。然而,这个州分散的经营模式带来的一些困难也是显而易见的。例如,为同一个项目签署大量的合同,无法利用州的购买能力,或无法跨机构分享知识等。各机构和部门的"独奏心理"加大了这些困难。由此而导致的结果并不令人感到陌生:财政出现赤字,服务水平下降,项目延期,预算被破坏,组织士气低落。

伊利诺伊州提出了一个新的、集中领导的"一州模式",利用这个模式,它以统一实体的身份采购货品和服务,从而转变其采购文化。全州众多的员工都参与设计新的采购战略,并在此过程中得到了针对这一新模式的培训。

在撼动原有采购文化的众多措施中,伊利诺伊州设计了一种用以减少开支的"两手抓"的举措。一手抓"快速采购",这个措施将基准价格作为一种工具,利用它与卖家就合同重新谈判。一手抓总拥有成本(TOC),这种方法集中解决了两大开销问题——买什么和如何买,它有助于确定一个项目所有的长期成本因素和这些成本的所有驱动因素。

快速采购依赖的前提是,当基准数据表明卖家过去在货品或服务上的开价可能过高时,卖家愿意与该州重新商定合同。这个举措能使伊利诺伊州每年节省3 000万美元的开支,其中仅电话费一项每年就节约300万美元。基准信息被储存在新的网络数据库中,这样后来的谈判者——无论谈判者来自哪个机构、部门或委员会——就可以对已有的信息加以利用。

除了通过快速采购削减价格外,伊利诺伊州还通过实施总拥有成本法,在"两手抓"举措实施的第一年节约了8 000万美元。例如,通过集中解决"买什么"这个问题,州劳改局(Department of Correction)在监狱食品上每年就节省了200万美元。其中的一项措施是,去除菜单中昂贵的食物(如金枪鱼和柚子),用相对便宜但营养相当的食品来代替它们,如牛肉末和橘子。在大多数情况下,实施该举措的挑战在于说服

第五章

官员,让他们相信使用替代品和削减开销并不会导致服务质量下降。

研究好"如何买"后——这是伊利诺伊州总拥有成本法的另一个主要方面——众多机构组成的团队建议伊利诺伊州首先应努力将所有的临时服务合同合并在一起。分别雇用书记员是适应不同机构的不同需要的做法,但这也意味着州不能利用自身的规模获得更好的价格。通过将合同合并在一起,伊利诺伊州在第一年就节约了200万美元。在这种情况下,改变州购买服务的方式需要合并州的各个机构,而过去各个机构之间的合作是很少的。同时,这一变化也提出了一项新的政治挑战:合同减少意味着州与少数族裔群体和妇女所开办的公司合作的机会将减少。

伊利诺伊州的经验表明,采用最佳采购模式的州和地方政府可以实现大规模节约。然而,很显然,要想这些采购模式实施成功,州必须改变它们的文化 DNA。

你可以快捷地拿到邮件

托马斯·多尔曼、斯蒂芬·K. 萨克斯(Stephen K. Sacks)

自从亨利·福特(Henry Ford)发明了革命性的装配线,制造业公司就在不断地重新设计自身的运营模式以提高效率。最近,公共部门组织发现,通过减少浪费,消除不必要的努力,迅速改正错误,鼓励员工提出改进办法,它们也可以提高生产力。

1999年,各种各样的挑战促使 USPS 开始思考重新设计运营模式。USPS 服务的用户地址数每年增长180万,但它的收入或邮件数量却没有得到相应的增加,反而趋于停滞,甚至下降。与许多公共部门组织一样,它所面临的规制与强大的劳动者联盟结合在一起,使之几乎不可能关闭工厂或裁员。此外,由于政府的限制,其产品定价由生产成本决定,所以 USPS 形成了一种很少期待管理者提高生产力的企业文化。在这样的环境下,只要能维持服务水平并按照通货膨胀率(甚至按照低于通货膨胀率的比率)来提高邮票价格就算是成功了。因此,与私营部门所预期的3%—5%的增幅相比,它的生产力10年来基本持平,每年只增长了0.2%。

对这些问题的初步分析表明,最佳捡信工厂和送信单位的生产力是最差的捡信工厂和送信单位的生产力的两倍。因此,提高生产力的潜在机会是巨大的。为了抓住这些机会,邮政服务的领导层决定实施他们所称的"突破性生产力新举措"。

一支由高级管理层精心挑选的15人组成的团队负责此项新举措。它的第一个发现是,USPS的绩效数据模糊不清,这样就很难准确地判断出工厂和递送业务的经营状况,也很难进行跨工厂和递送单位的绩效比较。为了解决这个问题,团队决定用信息系统详细记录绩效数据并利用内部网站将数据传递出去,这样每个USPS员工都能监督各个工厂和递送单位的运营情况。此外,他们还将所有的工厂分为七类,每一类都具有相似的特点(如相似的规模或格局),以供分析、比较之用。

首先,该团队利用搜集的数据为每个工厂和递送单位设立了改进目标,并将这些目标锁定在预算当中。虽然最初有所抵触,但几轮预算周期之后,USPS开始接受这种新的方法,管理者也很快预期到上级会要求他们每年都提高生产力。团队还设立了一种新的激励肯定机制,对提高生产力的人进行奖励。其次,为了帮助管理者实现预算目标,团队利用数据在整个组织中展示最佳做法。例如,纽约的一家捡信工厂手工捡信量只占总邮件数的5%,而全国的比率为10%。其实,这家工厂的方法十分简单:工人快速地浏览用于手工捡信的邮包,确定它们当中哪些可以进入自动捡信设备。结果,USPS在所有的工厂运用这种方法后,它每年节约的成本就达到好几亿,因为手工捡信的成本要比自动捡信的成本高出10倍。

生产力有所改善之后,一个简单的规划工具显示,USPS拥有的工人比其所需的工人要多,即使在最忙碌的时期也是如此。因此,团队提出,要让组织内的员工数量与其多变的工作量相匹配。不过,在整个裁员的过程中,USPS领导层与各个单位充分合作,避免了全面裁员。同时,员工的自然离退、临时工的减少以及某些工人加班时间的缩短等因素又将全职员工的数量减少了15%,从而使得企业组织更加精简。

第五章

> 尽管这支突破性生产力团队找到并在整个组织内传播了成功做法，但最终负责决定如何实现生产力目标的还是全国九个地区的副总裁。由于这种责任制在该企业组织的 380 家捡信工厂和 27 000 家递送单位中得到全面实施，所以 USPS 减少了不同分支部门间的经营差异，实现了流程的标准化，并把成功做法传给了最差的经营单位。而这些成果反过来又降低了 USPS 的经营预算——四年来预算节约额超过了 55 亿美元，近 10%。

作者对保罗·卡伦（Paul Callan）、黛安娜·法雷尔、帕梅拉·肯纳·弗里茨（Pamela Kenna Fritz）表示感谢，感谢他们在本文中所表达的深刻见解。

托马斯·多尔曼　莱恩尼·T.门敦卡
《麦肯锡季刊》，2004 年第 4 期

第六章 超越廉价劳动力：发展中国家的教训

黛安娜·法雷尔 安东尼奥·珀伦 贾安娜·雷米斯

内容概要

中国不但经济发展迅猛而且还加入了世界贸易组织，这为整个发展中世界和中等收入国家如巴西、墨西哥、波兰、葡萄牙和韩国带来了紧迫感。

发展中国家应该做的不是试图从中国那里夺回低工资的工作，而应向附加值更高的活动转型，并凭借改革前行。

要在全球化的经济中赚取更高的工资，中等收入国家必须找到并开发出自身的竞争优势。

在《北美自由贸易协定》(North American Free Trade Agreement, NAFTA)的支持下，20世纪90年代墨西哥成为了服务于美洲各国的繁忙工厂。但是自2000年起，随着中国兴起并担任了这一角色，27万多名墨西哥人失去了装配工作，成百上千的工厂关门，墨西哥对中国的贸易赤字也上升到50多亿美元。一时间"中国制造"的商标无处不在，从玩具到纺织品乃至瓜达卢佩的圣母玛丽亚像

第六章

(Our Lady Of Guadalupe)上都能找到"中国制造"的字样,它已经成了墨西哥经济繁荣所受最大威胁的化身——而且还是全球化陷阱的一个标志。

忧心忡忡的国家不止墨西哥一个。中国经济的迅猛发展及其加入世界贸易组织,已经为整个发展中世界敲响了警钟。中等收入国家,如巴西、波兰、葡萄牙和韩国,由于生活水平的提高,其作为廉价生产商和出口商的地位愈加岌岌可危。

不过,这些国家不应该盯住流失到中国的工作不放,而应该记住经济生活中的一个事实:没有任何一个国家可以永久地保住世界低成本生产商的地位——即使是中国,有一天也会失去这个地位。所以,墨西哥和其他中等收入国家应该做的不是努力捍卫廉价的装配工作,而是努力创造能带来更高附加值的工作。只有从事具有更高附加值的活动,更具生产力的企业替代了生产力低下的企业,中等收入经济体才能沿着发展之路走下去。但即使是这样,作为全球经济的一部分,这些国家还要像刘易丝·卡罗尔(Lewis Carroll)在《镜中奇缘》(*Through the Looking Glass*)中所塑造的艾丽丝一样,为了停留在原地而努力向前奔跑。不幸的是,对于这些国家中的绝大多数来讲,集中精力对付中国,或者从更宽泛的角度来说采取反全球化的政治立场,都不利于自身在改革方面做出努力。

是中国的错?

一些发展中国家关注着前往东方的国外投资商,在它们看来,中国经济的杰出表现似乎是难以超越的。但历史表明,情况并不是这样的。例如,仅在 20 年前,美国还确信德、日的超级商业模式和产业政策将会使国内所有的大企业都关门。到了 20 世纪 90 年代,美国则为来自韩国和中国台湾的高科技行业的威胁而愁眉不展,与此同时总统竞选人也发出警告,说 NAFTA 支持下的墨西哥也正大规模地从美国夺走工作岗位。近来,美国更关心的是中国的经济对它的贸易余额和就业率的影响。但今天,美国的失业率比20年前还要低。

几乎所有的国家都担心工作会被别的国家抢走,但这个事实通常为政治目的所利用。政治煽动行为遮蔽了一个事实:国家能够并正在不断发展以迎接境外新的竞争者所发出的挑战。

墨西哥恰好就是这样一个例子。如大多数中等收入国家一样,墨西哥通过进一步解放贸易和实现自由化,变得更加繁荣。现在它的平均家庭收入是中国和其他低收入国家的两倍多,它的制造业工资水平则反映出该国日益繁荣(见"墨西哥在进步")。但美国边境线上出口加工区(maquiladora)的装配经营活动(这是墨西哥参与全球经济最显而易见的表现)为墨西哥的日益繁荣所做的贡献只是一小部分。因为 NAFTA 的作用,1994年,墨西哥获得了多达1 700亿美元的外商直接投资——是印度所获投资额的三倍多。然而,用于出口加工区的投资不到15%(见"在底部颠簸");绝大部分的投资目的在于制造销往墨西哥广大国内市场的货品和服务,而不是制造用于出口的便宜货。我们的研究表明,非出口加工区的投资创造了工作,促进了竞争,提高了生产力,降低了价格,坚定了消费者的选择,从而为墨西哥经济带来了巨大的利益。[1] 想想外资对墨西哥汽车市场的影响吧:现在消费者可以从数十种车型中挑选,而以前只能从少量车型中挑选。另外,在零售业,墨西哥城的新鲜食品的价格比1993年墨西哥加入 NAFTA 之前的水平低40%。因此,墨西哥以及其他工作输出国所得到的经验教训是:不要高估廉价劳动就业对经济繁荣的价值。

第六章

墨西哥在进步

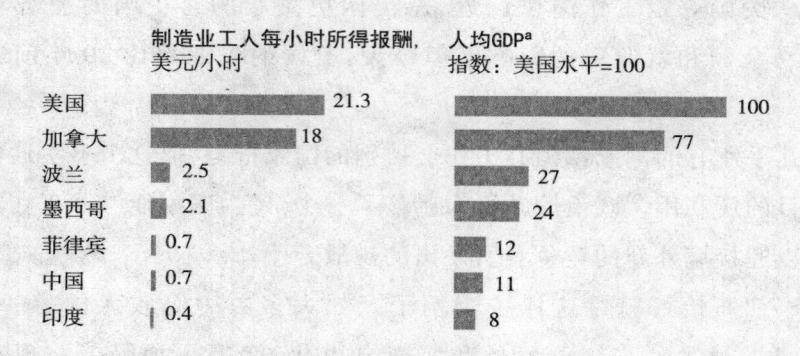

	制造业工人每小时所得报酬，美元/小时	人均GDP[a] 指数：美国水平=100
美国	21.3	100
加拿大	18	77
波兰	2.5	27
墨西哥	2.1	24
菲律宾	0.7	12
中国	0.7	11
印度	0.4	8

[a] 按购买力平价计算。

资料来源：IMD世界竞争力年度报告，2003。

在底部颠簸

墨西哥外商直接投资流（FDI），十亿美元

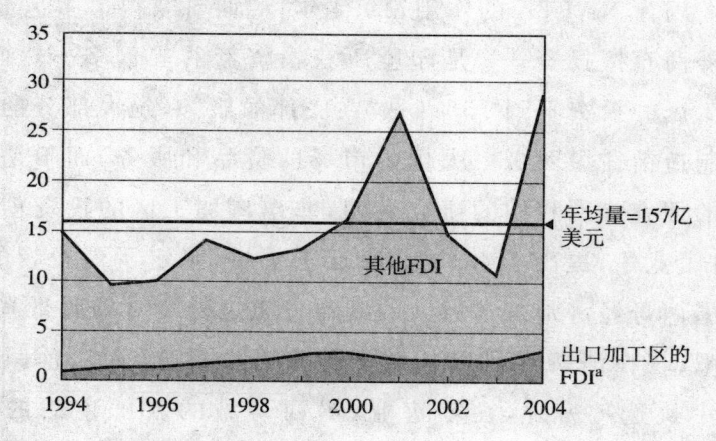

年均量=157亿美元

其他FDI

出口加工区的FDI[a]

1994　1996　1998　2000　2002　2004

[a] 包括跨国企业驻当地企业的留存盈余。

资料来源：经济部（墨西哥）。

此外，即使这些廉价工作都值得保护，墨西哥将中国看做是其不

幸之源也是毫无意义的。萨尔瓦多、危地马拉和洪都拉斯的工资水平仅为墨西哥的 25%—40%，却能提供几乎与墨西哥相同的地理位置邻近的优势。另外，达拉斯联邦储备银行（Federal Reserve Bank of Dallas）的经济学家表示，美国工业生产的下滑和墨西哥的工资成本相对于这些竞争对手的工资成本的过高，都是出口加工区自 2000 年经济巅峰以来流失 80% 工作的原因所在。[2]

因为跨国企业习惯在调整国内生产量之前先调整全球生产量，而离岸装配工作对全球商业周期的变动特别敏感，所以这些工作基本上都是不稳定的。因此，在经济繁荣的 20 世纪 90 年代末，大量外资注入了墨西哥，但在 2001 至 2002 年间，随着美国经济进入低迷期，墨西哥的外资逐渐减少。接着，正如所预期的那样，墨西哥的装配业在 2004 年随着美国需求的恢复而再次开始增长。当年的前五个月，出口加工区的出口增量超过 20%，就业率也开始增加（见"再次增长"）。但墨西哥不应该只满

再次增长

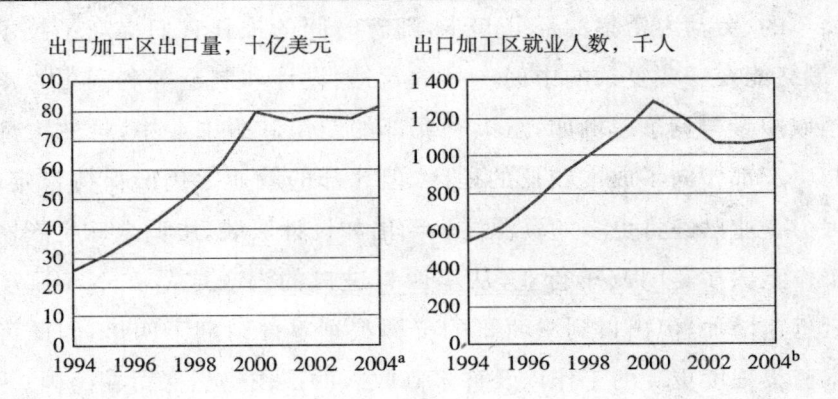

[a] 1 月至 5 月的年化数据。
[b] 2004 年 5 月的数据。
资料来源：墨西哥银行；出口加工区月度统计；外贸董事会；国家地理信息研究院。

第六章

足于恢复这些不稳定的工作;政策制定者仍需要推进改革(这些改革将使该国经济更上一层楼),确保更多的人获得质量更高的就业机会和更高的整体增长率。

增加更高价值之路

中等收入国家不应尝试夺回低工资、低技术含量的装配工作,而应该采取三个基本步骤深化经济发展。它们必须鼓励企业转型,从事附加值更高的活动,确定并开发自身的比较优势,积极推进能创造出更激烈竞争,激发更多企业家精神和更大灵活度的改革。

鼓励转型

发达国家的经验表明,让企业转型进入如高科技、生物科技或纳米科技等全新的行业,并不会将企业的经营领域扩展到附加值更高的活动中;相反,企业在现有的行业中自然进化却能做到这一点。

随着世界各国的发展,一系列相似的事件出现了:企业从某个行业中简单的、劳动力密集的部分起步,随着时间的推移它们提高了技术水平,最终能在一些复杂的中间产品的营销、设计和制造等利润更为丰厚的领域中参与竞争。例如,意大利北部的纺织和服饰业中,虽然大部分服装生产都转向了成本较低的地区,但北部的就业率仍旧保持稳定,这是因为企业已经将更多的资源注入到诸如设计服装、协调全球生产网络等工作上。在美国汽车行业,从墨西哥进口的汽车成品在 NAFTA 生效后迅速增加,但出口到墨西哥的美国汽车零件则翻了四倍,因此许多资本密集程度更高的工作以及许多高收入的工作仍然保留在美国。

不幸的是,发展中国家和发达国家的政府往往没有很好地鼓励企业向附加值更高的活动转型。例如,美国的境外装配计划规定,境外制造的货物必须使用一定量的美国零件(通常是80%),否则不能获得关税减免的资格。因为这个规定是墨西哥出口加工区经济体制的基础,所以如果终端产品用于出口,墨西哥就允许出口加工区的外国企业进口美国的机械、原材料和免税零件。但结果却是,进口投入占产品总出口价值的76%,而剩下的大部分产品价值都是劳动力价值;当地形成的中间投入还不到产品价值的2%。此外,虽然墨西哥政府允许国外竞争者进入出口部门,但它还是阻碍其他经济部门享有全球竞争带来的好处。今天,不到50家公司控制着墨西哥的出口,其中绝大部分是国外企业——墨西哥国家石油公司(Petróleos Mexicanos, Pemex)则是一个很大的例外。

另外,许多国家采用的规定旨在让当地的一些行业从国外投资中获得积极的溢出效应,但所得到的结果却恰恰相反,而这些规定在无意间也阻碍了企业从事附加值更高的活动。以墨西哥为例,它在第一次向外资开放汽车和电子消费品部门之际就设立了满足当地需求的规定,并且对后者的国外所有权进行限制。然而,几乎在所有的案例中,这些政策都无法促使强大的地方供应商或国内企业发展起来;它们只是为供应部门提供了一把保护伞而已,基于此,供应部门无法繁荣起来。墨西哥这些行业的经历也映射出巴西、中国和印度相关行业的经历。[3]

开发比较优势

如果想拥有在全球化经济中获得较高收入的实力,中等收入国家就必须找到并发展它们的比较优势。例如,前东方集团(Eastern Bloc)成员国拥有受过高等教育、收入适度的科学家和工程师,因此它们成为了西欧国家天然的海外基地。[4]印度受过良好教育、会说英语的劳动力给予了印度在信息技术和业务外包上的比较优势。东南亚国家联盟(Association of South East Asian Nations, ASEAN)成员国拥有的共同市场有欧洲那么大,因此它们不但成为了国外投资者低工资成本的出口基地,还提供了巨大的国内市场。巴西和印度同样拥有市场规模优势。

第六章

　　幸运的是,墨西哥也有其独特的优势:它与世界最大消费市场相邻。一些墨西哥人可能会把这看做是政治或社会不利因素,然而,与产品终端使用者相邻的地理位置在很大程度上让墨西哥成为了设计和制造产品的理想之地。

　　与产品终端使用者相邻之所以重要,有许多原因。例如,许多货物,如大屏幕电视机和大型家用电器的运输成本很高。[5]再举一个十分特殊的例子,销往美国的瓶装饮料和饮用水所用的塑料瓶盖拥有价值接近40亿美元的市场。虽然它们可能小而轻,但巨大的总数意味着它们的运输成本也很高,所以在临近美国的地方生产瓶盖会更加经济。

　　时间敏感性是另一项需要考虑的问题。新鲜的食物会变质,时尚的物品或促销材料也可能会错过销售时机。[6]在快速发展的市场,电脑等商品的利润微薄,生产出来之后便迅速贬值。所以时间敏感性这个因素有助于解释为什么许多在美国出售的个人电脑尽管其绝大部分零件都是亚洲生产的,却在北美组装。

　　如果产品要求价值链上的不同参与者之间互相协作,那么它也能从与终端使用者相邻的地理位置上获益。同时,由于网络渠道的存在,个性化产品(从个人电脑到定做的衣服,再到摇头娃娃之类的产品)的销售正在快速上升。

　　此外,因为零售供应商必须根据销售量和存货量的变化更频繁地补充库存,所以利润微薄的美国零售需要在更短的时间内运送更多的产品。这个因素以及零售商提供的消费产品在不断增加的事实,表明许多供应商都面临着物流方面复杂程度增加的情况。想想蓝衫(Land's End)公司的牛津(Oxford)精织棉礼服衬衫吧,它提供了多种常见的领口和不同长度的衣袖,并提供了五种不同类型的衣领和两种衣摆。因此,即使这种衬衫所能给顾客提供的只有蓝、白两色,它所产生的可能组合也会达到数百种。如果再加上不同的布料、颜色和织法,这种简单的衬衫就会迅速制造出成千上万的单品（SKUs）。因此，对于大部分服装制造商来说，最佳策略就是将生产地点分布在靠近产品终端使用者的地区和最低生产成本国之间。正因为如此，20世纪90年代墨西哥在时间敏感性高的商品（如年轻人穿的牛仔裤）上所占的份额得到了增加，而中国在诸如针织毛绒套衫等商品上的产量也有所增加。[7]

推动改革

随着低技术含量、劳动密集型的业务向其他地区转移，中等收入国家可能会尝试利用税收优惠和其他财政激励措施吸引该业务回归。但它们应该抵制住这样做的诱惑。因为这样的举措非但不可能对外商投资造成较大的影响，而且不能补偿更长时间内工资水平上升所造成的损失。这些优惠仅仅是把资源从政府和社会手中转移给了跨国公司。有时候，它们还会造成不利于生产力发展的过度投资。例如，在巴西的汽车制造部门，每个新工种所得的政府津贴价值超过10万美元，而外国汽车制造商对此优惠做出的反应是雇用更多的工人，结果几年之后该行业产能过剩率达到80%。[8]

政府不应该把税金耗费在为外国投资者提供财政激励上，而应该将这笔资金用于改善交通网、电力网和通信线路。此外，政策制定者还必须在更为广阔的经济领域内推动竞争，这样才能迫使企业改善经营，采取最佳实践，进行创新，向经济价值链的高端前进。我们经常看到的情形是，发展中国家把精力都放在发展经济特区或首要出口行业上，而其他行业的竞争程度却不断降低。价格控制、关税、许可证申请以及其他生产规定都限制了市场准入，抑制了竞争。

正如印度价值50亿美元的汽车行业所显示的那样，废除这些令人窒息的规定所带来的好处将会是巨大的。20年前，两家国有汽车制造商印度斯坦汽车公司（Hindustan Motors）和印度总理汽车公司（Premi-

第六章

er Automobiles Limited,PAL)统治着印度的汽车市场,但它们仅能提供几款过时的车型。1983年,印度政府允许铃木汽车(Suzuki Motor)在与小型国有汽车制造商马鲁蒂(Maruti Udyog)汽车公司共建的合资企业中占有少量股份,1992年又有九家外国汽车制造商获准在印度投资。于是,新的资金和技术的输入为原有的两大国有汽车制造商带来了激烈的竞争,最终迫使PAL出局。印度汽车行业成为世界上发展最快的行业之一,现在它所制造的汽车比20年前多出13倍。塔塔汽车公司(Tata Motors)在2004年出口英国的汽车达到了两万辆,创立了印度汽车制造史上的一个里程碑。与此同时,虽然印度的生产能力得到迅速提高,但由于消费价格每年下跌8%—10%,释放出巨大的需求,所以其就业水平得以保持稳定。

每个中等收入国家的改革日程都各不相同。例如,巴西增长的主要障碍是由不履行纳税和规定义务的行业所组成的非正规经济。世界银行(Word Bank)预计,灰色部门雇用了巴西55%的总劳动力,并且没有规模缩小的迹象。根据我们的研究,非正规经济在一些行业(如建筑业中)已经得到快速增长。由于非正规企业具有不劳而获的成本优势,它们可以从价格上打击更具竞争力的对手,所以尽管生产力低下,它们却得以留存(见本书"非正规经济的潜在危险"一文)。例如,肉食经销商如果不遵循卫生和质量标准,它们可以节省近30%的成本。现代超市也发现,一旦要缴纳增值税和劳工税,兼并非正规食品杂货商的举措便无利可图。所以,非正规经济扭曲了竞争,打断了生产力水平较高的企业取代生产力水平较低的企业这一自然进化过程。我们预计,如果巴西将非正规经济的规模缩小20%,每年GDP还能再增长1.5%(见本书"治理巴西的非正规经济"一文)。葡萄牙和土耳其也具有同样的潜在收益。

就墨西哥来讲,阻碍其向经济价值链更高端发展的主要障碍是大量恼人的规定和薄弱的基础设施。据世界银行报告,[9]在墨西哥开办一家企业平均需要58天,而在新加坡只要8天,土耳其是9天。在墨西哥注册资产需要74天,而美国只要12天。在墨西哥执行一项合同需要办理37个不同的手续,花上421天才能完成法律程序,而关闭一家破产企业则可以拖到一年半以上。此外,墨西哥34%的企业所得税税率是中国的两倍。这些问题不但会挫伤外商投资的积极性,而且还会扼制当地创业精神的形成和国内企业的发展。

因为资本密集型生产对要素成本非常敏感,所以墨西哥必须对其基础设施进行投资。例如,墨西哥的电力成本平均比美国高10%,比中国高40%以上。据预测,墨西哥应该投资500亿美元用于其电网的升级。另外,墨西哥的通信网络也同样十分糟糕。该国之所以不能更好地吸引服务于西班牙语顾客的离岸业务,这就是主要原因所在。此外,墨西哥还需要改善海陆空交通系统,从而凭借其与美国的相邻优势而得到发展。

发展:一次发展一家企业

虽然政府改革可以为经济发展创造条件,但企业必须要为行业的内部变革充当催化剂,企业高管也应如此。例如,工厂管理者要评估即时竞争环境并通过改善经营对此做出回应。

例如,美国的半导体经营商就在20世纪80年代末对来自日本企业的竞争做出了回应。当时,日本迅速地统治了诸如记忆芯片等生产部门,激起了美国大众对不公平竞争和高薪白领工作流失的强烈抗议。不过,美国芯片制造商对产品重新进行了研发。大制造商英特尔、摩托罗拉和德州仪器(Texas Instruments)公司,放弃了动态随机储存器(DRAM)的业务,转而在微处理器和逻辑产品上加大投资力度(它们促成了半导体经营商的又一轮增长浪潮)。结果,英特尔在全球微处理器领域中的地位更加举足轻重,而德州仪器公司则成为了数字信号处理器

第六章

（手机的"大脑"）领域的霸主级企业。摩托罗拉也在控制器和自动半导体领域获得了有利地位。在向附加值更高的活动转型的过程中，美国半导体制造业及与其密切相关的电子领域的工作总量稳定在50万左右。[10]

少数墨西哥企业的经历已经表明，它们也可以通过转型，制造出口北美市场、技术更先进、质量更稳定的产品，来参与竞争。而它们的成功应该为其同胞和其他中等收入国家中眼睁睁看着成本优势在逐渐丧失的企业增添了一份乐观的情绪。

与戴尔和诺基亚一样同为合同电子产品制造商的捷普电子（Jabil Circuit）公司就是上述企业之一。墨西哥各行业中几乎没有哪个行业能比电子行业在过去数年里所受到的冲击大。由于订单流向亚洲，捷普目睹了自家的3 500名劳动力在2001到2002年间缩减一半的情景。[11]但它并没有试图将失去的订单夺回来，而是学习制造更加复杂和更富个性的产品（例如电脑路由器和掌上信用卡机）——长期以来这些产品都是由美国制造的。

墨西哥一家工业企业的经理认真研究了美国的市场，确定了必要的绩效水平和较低成本的劳动力可创造优势的领域。然后，这家工厂重组了仓储体系，并对工人进行培训，使之能同时完成一件以上的工作。结果，它所能制造的产品数量一下子从600件上升为6 000多件。订单纷至沓来，其就业率比2001年巅峰时期还要高出10%。墨西哥其他的企业也做出了同样的转变。

在该国前景最好的那些增长机会中，有些来自于意想不到的领域。例如，墨西哥国立自治大学（Universidad Nacional Autónoma de México）的软件工程师竟然利用自己主持的基因组项目（Gnome project）为实现Linux商业化发挥了重要的作用，基因组项目也为这个领域的竞争开辟了一扇通往更多机会的大门。另外，沃尔玛收购食品零售连锁企业西弗拉(Cifra),也会为墨西哥供应商提供全球的销售网络;而巴西服装生产商已经利用沃尔玛的经营网点,出现在世界各地。

中国以全球出口商的姿态迅速崛起,这似乎让中等收入国家的企业领导者大为震惊。如果这些国家打算在全球经济中为自己创造一个利基市场,它们就不能恐慌,也不能关闭它们的边境;相反,它们必须重新设定改革日程。如果,它们做不到这些,那么其他反应更快的国家就会取代它们的位置。

黛安娜·法雷尔　安东尼奥·珀伦　贾安娜·雷米斯
《麦肯锡季刊》,2005年第1期

第七章　勿将美国工作岗位的流失归咎于贸易

马丁·尼尔·贝利　　罗伯特·Z.劳伦斯

内容概要

来自国外的竞争并不是美国工作岗位数增长乏力的原因。从2000年到2003年,美国由于进口失去的工作岗位数量实际上已经有所下降。

对于美国而言,出口减少是比进口增加更大的问题。在2000年到2003年间,美国的出口额下降了7.2%,而其他国家之间的贸易却增加了23.5%。

美国的工作岗位流失的真正原因是国内需求疲弱、生产力增长迅猛和美元坚挺,三者均抑制了美国的出口。

美国经济萧条正式结束的时间是2001年年底。从那以后,虽然近期有所增长,但美国在工作岗位的创立上总体表现疲弱,甚至比1990至1991年间大萧条之后的"失业型复苏"期还要弱(见"比以往更弱")。2000年以来美国工作数量总体下降最主要的责任者是制造部门。尽管近期美国经济的不景气状况相对缓和,然而制造部门在2000

第七章

至2003年间减少的工作量达285万份。

在美国,许多人十分关注巨大的贸易赤字,并且认为:从中国涌入的大量进口商品和将大量服务离岸外包给印度应该为美国工作机会的流失承担责任。CNN(美国有线电视新闻网)的卢·多布斯(Lou Dobbs)将贸易赤字问题称为"向商界和政界领导人发出的贸易政策不力的清晰警示信号"。[1]这个问题不仅只为美国政策制定者所关注,对贸易相似的担忧在整个欧洲和日本也同样盛行。而与此同时,保护主意情绪正在全世界范围内高涨。

比以往更弱

与所选商业周期相关的美国非农业在册就业人口总数;指数:淡季量=100[a]

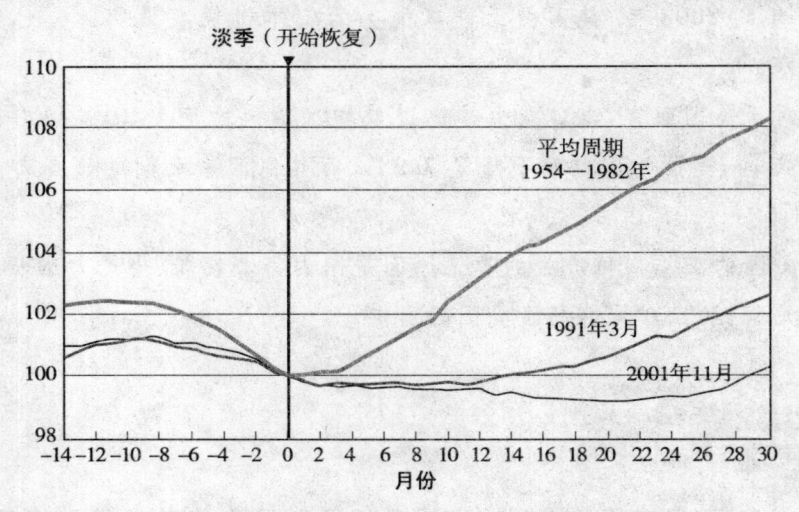

[a] 淡季由国家经济研究局(美国)的商业周期测定委员会确定。
资料来源:就业调查统计,2004年6月,美国劳动统计局。

但是,自2000年以来,美国绝大部分工作遭到破坏并非是由贸易所造成的,更不是由商品和服务的进口量上升所引发。我们详细分析了贸易和行业数据,以此评估在2000到2003年间美国制造部门和服务部门的业务外包对工作机会减少的影响程度。此外,我们还率先完整地分析了经济低迷、进口、出口和全球竞争等因素相互作用(包括直接和间接地相互作用)、共同影响就业的方式。[2]

我们的研究表明,事实上,制造业只有约34.1万份工作(占制造业工作流失总量的11%)是因为贸易的缘故而流失的,但其责任不在于进口量上升,而在于出口量下降。服务部门的离岸外包业务所破坏的工作就更少了。每年美国正常的市场力量都会破坏和设立数以百万的工作岗位,那些因为贸易而损失的工作相对于此而言,数量甚微。

工作流失的真正原因是国内需求疲软、生产力迅猛增长和美元坚挺,它们抑制了美国的出口。重要的是,政策制定者需要了解是哪些力量在发挥作用,要不然他们就会受到诱惑,采取保护主义等快速补救之法,但因为它们解决不了潜藏的问题,所以这些补救之术并不能从长远上恢复经济。真正的解决办法是,刺激内需,减少预算赤字,人为地造成美元贬值从而推动各国货币对美元升值。虽然这些办法较难实施,但更有可能促进就业。

制造业工作数量的减少

制造业在美国总就业中所占的份额至少半个世纪以来都在下降——这种趋势不但在发达国家中很典型,而且在许多发展中国家也存在。20世纪90年代,制造业的就业相当稳定。然而,从2000年到2003年,制造业的注册就业人数下降了16.2%,是自第二次世界大战末以来下降幅度最大的一次,[3]下降幅度大于其他部门(见"美国制造商的艰难时期")。

虽然工作流失的情况主要集中在资本品和服装的生产企业,但每个大型制造部门的工作水平均有下降。高科技泡沫的破裂导致电脑和电

第七章

子制造业损失了 50 万份工作。其他大规模的工作流失情况则发生在机械、合金制造和纺织业。

对许多观察者而言,贸易显然是罪魁祸首。自 1992 年以来,美国贸易赤字日益增大,到 2003 年赤字已达 4 030 亿美元。赤字的庞大数目以及它所牵扯到的经济部门的范围之广,都诱使人们相信贸易在导致制造业萧条的过程中扮演着主要角色。但这些观察者忽略了生产力增长、内需、出口和进口之间的微妙关系。正是由于它们相互影响,我们才得出了与人们的直觉相反的结论:贸易的影响是次要的。

贸易的角色

20 世纪 90 年代末美国就业充分,当时贸易并不是工作岗位减少的重要原因。缺少劳动力,而不是失业,才是当时的问题所在。但贸易赤字在一定程度上也反映了一个事实:美国的产出量低于消费量。

2000 年以后,随着经济陷入萧条时期,美国出口下滑。我们估计,在 2000 年,有 340 多万制造业工人在从事产品制造工作;但到了 2003 年,这个数字跌至 270 万以下。于是,所有人都说,是出口的萧条摧毁了美国 74.2 万份制造业工作。

不过,进口所呈现出来的景象却与人们想象的截然不同。2000 年以后国外产成品并没有大量涌入美国。实际上,从 2000 年到 2003 年,产成品进口的增长相当缓慢。并且,正如我们所要说明的那样,进口的疲弱实际上推动了 2003 年的制造业就业,增加了大约 42.8 万份工作。

总的说来,贸易造成的净损失不超过 31.4 万份工作(因出口委靡而损失了 74.2 万份工作,但因进口疲弱又增加了 42.8 万份工作),只占制造业 285 万份工作流失总量的 11%。剩下的 254 万份工作流失的成因是经济出现周期性下滑,抑制了国内对产成品的需求。

生产力增长的作用

在2000到2003年间进口是如何够推动美国的就业的？答案在于美国生产力的快速增长。为了理解就业推动力的释放过程，我们先要探究生产力与由内需和出口两者促成的工作之间更为直观的联系，然后再转而研究生产力和进口之间的关系。一些经济机制可以允许生产力增长推动产量和就业的增长，如加强企业和行业间的竞争等。但单纯从计算的角度来看，如果生产力（每个员工的产量）在上升，那么产量增加的速度至少要达到一定水平，才能维持就业人数不减。但2000年后，美国国内需求的增长落后于生产力增长，因此企业只需较少的工人就能完成国内订单。出口情况也是一样。2001年出口量急剧下跌，2002年再度下跌，2003年只出现了微幅上涨。由于生产力上升，订单数量减少，所以出口商使用较少的员工就可以满足需求。

就进口来讲，生产力的作用实际上恰好相反，因为进口是取代了而不是增加了美国的工作。与进口品相竞争的美国行业的生产力越高，给定数量的进口品所取代的工作数就越少。因此，只要推算出美国生产同样数量的进口产品所需的工人数量，我们就可以估算出流失的工作数量。我们在核查与进口品竞争的行业的生产力统计数据时发现，这些行业的生产力在2000到2003年间增长得很快，而这个时期进口所取代的工作的实际数量减少了。[4]

尽管2000年以后净增贸易在制造业工作岗位减少的过程中只扮演了一个小小的角色有些让人感到意外，然而实际上这也不足为奇。经济学家常说，国际贸易在经济体中发挥着自动稳定器的作用。在经济低迷期，消费和投资减少就会大大影响国内生产和就业；然而如果此时进口也受到抑制，则又会缓解消费和投资对国内经济的影响。如果不是因为美国出口太过疲弱的话，国际贸易可能早已对这个时期的美国就业产生

第七章

了积极作用。

美国制造商的艰难时期

美国各部门就业人口的增加与减少，2000—2003年，千份工作/每年

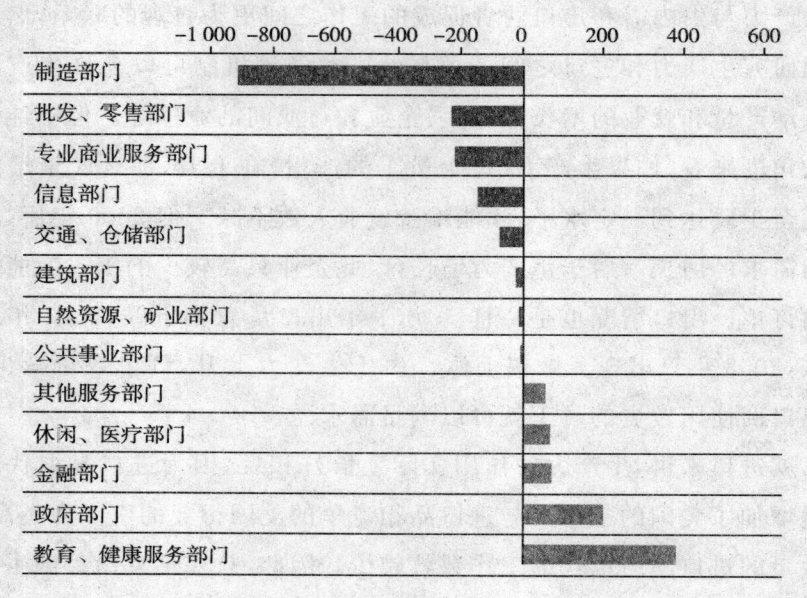

制造部门	(约 -900)
批发、零售部门	(约 -300)
专业商业服务部门	(约 -350)
信息部门	(约 -150)
交通、仓储部门	(约 -100)
建筑部门	(约 -30)
自然资源、矿业部门	(约 -20)
公共事业部门	(约 -20)
其他服务部门	(约 50)
休闲、医疗部门	(约 70)
金融部门	(约 90)
政府部门	(约 200)
教育、健康服务部门	(约 400)

资料来源：就业调查统计，2004年7月，美国劳动统计局。

出口为什么会下跌？

贸易在2000至2003年间制造业工作流失的过程中扮演的仅仅是个小角色，这是对自由贸易批评论的有力反驳，但我们调查研究的目的并不止于证明这一点。了解出口下滑的原因十分重要，因为所有与贸易相关的工作流失现象都是由它造成的——虽然与贸易相关的工作流失数量只占制造业工作流失总量的28%。

不叫的狗

2000年以来,全球经济增长放缓,欧洲大陆等领先市场甚至呈现出明显的衰退迹象,这些似乎都可以成为美国出口下滑的重要原因。如果全球经济发展减速是与全球贸易发展减速相匹配的,那么即使美国还维持着其贸易份额,它的出口也会减少。想要测试这一假设,请考虑以下实际情况。

根据联合国商品贸易数据,从2000年到2003年,美国出口下降462亿美元,约为7.2%。然而,其他国家之间的商品贸易却增加了23.5%。如果美国贸易和非美国贸易之间的比率维持不变,美国出口也能获得相等的增量。但实际上美国的出口并没有增加。为什么呢?

一个可行的解释是,美国的出口可能集中在了需求增长相对较慢的商品上。例如,美国高科技产品的出口在20世纪90年代迅猛增长,但后来随着技术部门的没落,它也急剧下降。不过,我们的研究表明,这种"商品"效应并不大——实际上,它对美国的帮助很少,只增加了0.6%(约为40亿美元)的出口。的确,美国销售的一些产品(如高科技的传动装置)并没跟上世界贸易总体增长的步伐。但美国也销售另一些产品,如飞机(包括军用飞机和直升机)、汽车零件、汽车和医疗产品,这些产品的世界贸易量增长却很迅速。所以,总体说来,"商品"效应并不十分明显。

另一种可能是,美国将商品出口到了需求很弱的国家——美国的市场竞争定位可能出现了错误。事实上,美国重要的出口市场,如巴西、加拿大、欧洲的需求确实很弱。然而,与中国和墨西哥的贸易却对美国的出口产生了积极的作用。总的说来,美国出口市场的增长比整个世界贸易的增长稍慢,因此这种"国家"效应对美国出口疲软的确有影响,但影响并不大。

第七章

竞争力和美元

也许与其他国家的生产商相比,美国公司就是缺少竞争力。但丧失竞争力是一个模糊的术语,它能反映出大量的因素,其中包括新竞争者如中国和印度的加入,国外产品质量的提高,美国跨国公司采购模式由国内商品向国际商品转变等。不过,这样的结构因素只是暂时发挥了作用。它们似乎不可能是造成美国出口量在20世纪90年代快速增长但在2001至2002年间突然下滑的主要原因。

美国出口竞争力减弱的最重要原因很大程度上在于美元的币值过高。由于20世纪90年代私人现金流的推动,从20世纪90年代末到2002年初,美元汇率一直上涨。即使后来美国经济衰退,这些现金流在2000年以后还在继续流入美国市场,因为国外投资者仍然希望在美国而不是在别处获得更高的回报。并且,随着时间的推移,购买美国国库券和其他美元资产的国外政府所注入的资金流在更大程度上支持着美元。(推动这一趋势的主要国家是,在货币上依附美元的亚洲国家和2002年美元开始疲软之际为了限制本国货币对美元升值转而购买美元的国家。)虽然现在美元对欧元已经急剧贬值,但经验表明,汇率的变化还要经历很长的一段时间(大约为三年),才会充分影响出口量。

我们估计,如果美元在2000年后并未升值,美国的出口量在后来的三年里原本应该增加293亿美元,而不是像现在这样减少了507亿美元。如果生产力增长得太快,出口增长就无法阻止制造业工作的流失,不过,由该国的出口表现造成的工作流失的数量本应是44.7万份而不是实际记录的74.2万份。在理想状态下,如果加上42.8万份进口变化带来的新工作,贸易对制造业就业的影响实际上应该为零。

总之,美元的升值是美国日渐丧失世界市场份额的最主要原因。这是对美国出口疲软,也是对大量制造业工作在贸易中流失的最有力的解释。

离岸外包服务扮演何种角色

印度的商业流程外包部门大张旗鼓地向美国开展了业务,它的发展让人对美国的工作,特别是好的工作,增加了一层新的忧虑。印度出现了大量大学毕业、讲英语、意气风发的工人,他们的出现让即使是身在美国的白领也感到了威胁。[5]但迄今为止,数据表明,从美国转移到印度的工作中,与美国服务业就业有关的工作的数量甚微。表明这个现实的一个迹象是,虽然美国国内对技术服务的需求较弱,但近年来美国计算机服务业的就业情况却相对健康。

沧海一粟

把软件工作和商业流程领域的工作加在一起计算,最多约有27.4万份工作[6]在2000到2003年间转移到了印度——相当于每年平均转移9.15万份工作。尽管对于失去工作的员工而言,代价是惨重的,但此等规模的工作变动相对于20世纪90年代每年创立的210万份工作而言实在不大,即使是相对于2000到2003年间每年净增的近32.7万份工作而言也是很小的。

实际上,IT和IT赋能领域的就业率在过去几年出奇地高。看一看可能会受到离岸外包服务影响的IT职业的就业结构(见"都是小变化")就可以知道,计算机服务业就业率在1999到2003年间只出现了轻微的下降。[7]此外,20世纪90年代末出现了技术大繁荣,但2000年以后工作开始减少,并在解决千年虫问题的就业和投资大潮中达到顶点。2000年尽管美国与印度就服务贸易采取了种种措施,但美国仍无法达到稳定的就业水平。

赢家和输家

虽然就业的整体变化很小,但计算机行业内部的就业情况发生了重

第七章

大转变。其间最大的输家是计算机程序员和计算机支持人员。对于后一群体,其就业在1999到2000年间迅速增加,这也充分地体现了千年虫的效应;并且,2003年计算机支持人员的就业率也仍在1999年的就业率之上。

都是小变化

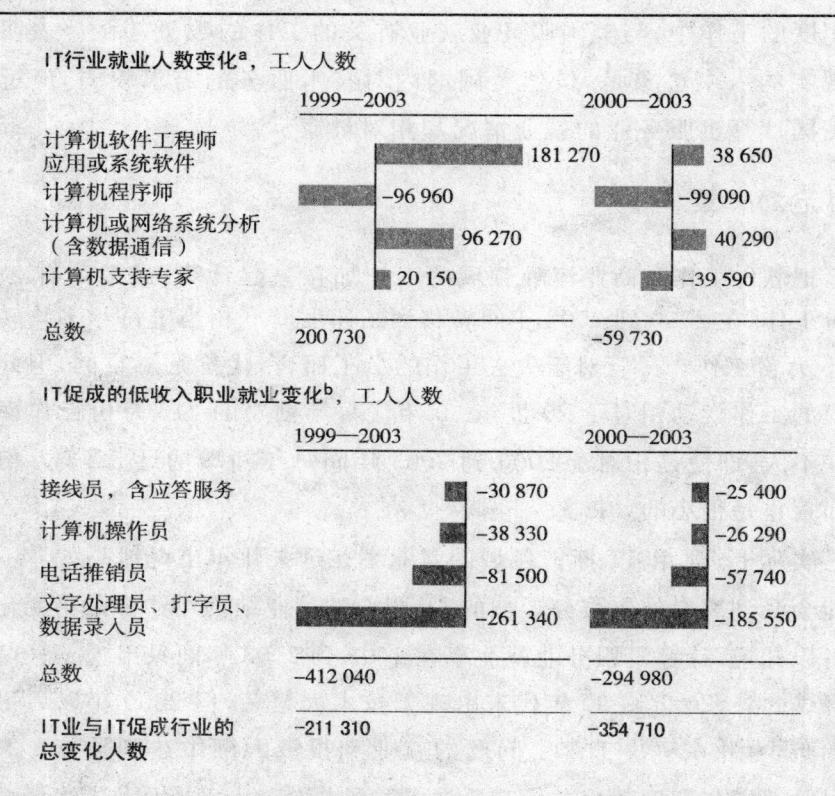

IT行业就业人数变化[a],工人人数

	1999—2003	2000—2003
计算机软件工程师应用或系统软件	181 270	38 650
计算机程序师	-96 960	-99 090
计算机或网络系统分析(含数据通信)	96 270	40 290
计算机支持专家	20 150	-39 590
总数	200 730	-59 730

IT促成的低收入职业就业变化[b],工人人数

	1999—2003	2000—2003
接线员,含应答服务	-30 870	-25 400
计算机操作员	-38 330	-26 290
电话推销员	-81 500	-57 740
文字处理员、打字员、数据录入员	-261 340	-185 550
总数	-412 040	-294 980
IT业与IT促成行业的总变化人数	-211 310	-354 710

[a] 不含数据库、计算机和网络系统管理员及计算机、信息科学家(研究人员)。
[b] 不含IT硬件行业的生产工人;2000年以后计算机、半导体行业的就业人数急剧下降。
资料来源:职业就业统计,美国劳动局。

然而,可能是因为把计算机程序员的工作外包给了印度,所以该工作减少了99 090份。我们估计,印度也新增了多达13.4万份与软件相关的工作,用来为美国服务——这个数量大约等于美国软件部门所减少的工作数。由于美国与印度的服务业贸易变得更加廉价,也更加容易,所以遵循相对优势法则,计算机编程部门基本的编程工作都转移到了收入较低的国家。不过,美国软件部门中的高端工作仍在增加。从2000年到2003年,实际上,致力于高端应用和系统开发的美国计算机软件工程师和计算机网络系统分析师的数量都在增加,其增加的数量弥补了同期所减少的计算机编程和计算机支持的工作。

如何回到正轨

我们的研究重点是了解工作流失的原因,而不是寻找改善情况的对策。不过,我们的研究对政府领导人有着重要的意义。既然贸易和离岸外包服务并不是美国2000年后就业疲软的主要原因,所以它们就不应该成为创立或恢复工作的政策的焦点。特别是,因为进口并没有导致工作减少,所以绝不应该限制贸易。相反,政策制定者应该对就业减少的真正根源发起攻击,即内需不足和出口量受美元驱动而减少。

政府的任务之一应该是刺激内需,因为制造业减少的工作中89%是由内需不足造成的。好在,最近的扩张性财政和货币政策已经使经济朝着正确的方向前进;现在的问题在于,怎样让这些政策有助于实现经济的自然恢复。一旦制定出完善的财政和货币政策,不断努力减少联邦预算赤字,就会有助于降低利率,降低美元过高的汇率——无论从哪一方面看,这都是一项好的经济政策。

既然美元的坚挺在很大程度上要为出口水平下降,从而为制造业工作的减少负责,那么美国的政策制定者应该继续鼓励其他国家采用灵活的汇率。应该鼓励一直都在干预外汇市场以防止本国货币对美元升值(从而防止对美国出口的减少)的亚洲政府顺其自然,从而让美元贬值。

第七章

总之,可能需要美元对其他货币(包括欧元)进一步贬值。

尽管刺激需求和提倡灵活汇率找准了美国工作减少的病根儿对症下药,然而我们必须承认,这些政策并不会恢复每一份失去的工作,也不会帮助每一个失业的工人。贸易工作的错位造成了负面影响,处理这种影响的最佳策略是实施贸易调整帮助计划,为工人提供提高技术的机会。[8]另外,实施贸易调整帮助计划应该还能有助于化解保护主义的压力。因为采取保护主义不仅是解决美国工作流失问题的错误方法,还是对错误问题的回答,所以化解保护主义的压力是非常重要的。

作者要感谢国际经济学研究所(Institute of International Economics)的雅各布·柯克加德(Jacob Kirkegaard)和凯塔琳娜·布鲁克(Katharina Plück),还要感谢马加里·朱诺维茨(Magali Junowicz),感谢他们为帮助我们撰写主稿所做的准备工作。

马丁·尼尔·贝利　罗伯特·Z.劳伦斯
《麦肯锡季刊》,2005年第1期

第八章 非正规经济的潜在危险

黛安娜·法雷尔

内容概要

一些政策制定者认为,灰色市场创造了工作岗位,缓解了社会压力;而一些学者则相信,灰色市场会自动消失。但这两种观点都经不起推敲。

非正规经济活动将企业带入了灰色经济的动力体系中,从而抑制了经济增长和生产力发展。不公平的成本优势意味着非正规的经营活动可以从较大的、更具生产力的正规竞争者那里窃取市场份额。

政策制定者应该通过全面执行商业规制,去除烦琐的手续和削减税收,来处理非正规经济问题。

些企业部分或完全违法经营已经不是什么秘密:它们瞒报员工人数,逃税,无视生产质量和安全规定,侵犯版权,甚至没有经过合法注册。这样的问题不但在发展中国家格外严重,还扩散到了一些发达国家。世界银行预计,这种非正规经济[1]在低收入国家产生了40%的GNP(国民生产总值),在高收入国家产生了17%的GNP。[2]而在某些行业,如零售业和建筑业,非正规经济所实现的就业人数占总

第八章

就业人口的 80%。

政策制定者对这一现象所表现出的关心出奇地少。在新兴市场，政府常常把这个现象看做是社会问题，并不了解它对生产力和经济增长带来的毁灭性后果。它们认为，非正规经济为没有技术的工人创造了工作机会，并缓解了城市的就业压力。一些学者认为，当正规的制造部门和服务部门成长起来并创造了更多的工作岗位时，非正规经济自然会随着时间的推移而消失。善意的发展专家也相信，如果得到信用支持和其他类型的技术援助，非正规企业会自己成长起来，并最终加入正规经济——于是，近年十分流行"小额信贷"计划。

MGI 的研究发现，这些想法都是不切实际的。非正规经济的规模不但没有缩小，在多个国家中反而在扩大。过去十年里，MGI 研究了不同国家、不同行业的一系列非正规经济，这些国家包括巴西、印度、波兰、葡萄牙、俄罗斯和土耳其。MGI 发现，非正规企业通过逃避纳税和不遵守规定所获得的巨大成本优势完全可以弥补其生产力低、规模小的劣势。并且，非正规企业滞留在行业中，阻止了更具生产力的正规企业获得市场份额，造成了不公平竞争。因此，非正规经济对短期就业所带来的好处远远不抵其对经济增长和新工作岗位设立所带来的长期负面影响。

在灰色地带经营

非正规经济是所有受误解程度最严重的经济问题之一。非正规企业逃避财政义务和管理责任，其中包括逃避缴纳增值税和所得税，不履行劳动力市场义务（如缴纳社会保险税和服从最低工资要求），不执行产品市场规定（包括质量标准、版权和知识产权法）等。其逃避的内容因部门和企业的性质不同而不同：非正规零售商常常逃缴增值税，非正规食品加工商无视产品质量和卫生规定，非正规建筑公司则少报员工人数和

非正规经济的潜在危险

工作时间。

对许多人来说,非正规经济就是街边的小摊小贩。的确,低技术、小规模、低标准的小型传统营生中充斥着非正规经营实体,这倒一点儿不假。但是,众所周知,发展中国家较大的现代企业中也有非正规经营实体(见"扩展范围超出预想"),MGI在发展中国家发现了非正规的连锁超市、汽车零件商、电子消费品装配商,甚至还有大规模的产业经营。

扩展范围超出预想

	非正规企业	
	注册企业	未注册企业
现代企业 使用最新的经营实践方式,其生产力水平比传统企业高2—3倍	俄罗斯钢铁制造商 **不公平优势**:免费用电 印度软件企业 **不公平优势**:侵犯版权	巴西中等连锁超市、中国汽车零件供应商 **不公平优势**:逃税
传统企业 使用的商业流程和技术比最新的实践方式落后数代	土耳其牛奶加工商 **不公平优势**:逃缴部分增值税、所得税,不履行社保义务和卫生标准。	波兰街边小贩、葡萄牙住宅建筑商 **不公平优势**:逃税,使用非正规供货商

非正规经济渗透的严重程度因行业的不同而不同,其中以零售和建筑等服务性行业最为严重(见"灰色的阴影")。服务企业通常规模小、位置分散,所以更加容易逃避检查。另外,它们的收入来自顾客个人,因此审计员也难以对其进行核查。因为劳动力成本在服务企业的整个开销中占有重大的份额,所以它们总是设法少报就业人数。例如,MGI发现,有一个国家的建筑工人会在政府检查人员前来检查时跑离工地,躲避检查。

出于同样的原因,制造业的非正规经营实体在劳动力密集的部门(如服装和食品加工部门)比在资本密集的部门(如汽车装配、水泥、石油、钢铁和通信部门)更为普遍。虽然如此,一些规模很大的工业和制造

第八章

业企业也会违规经营。例如,在印度和俄罗斯,地方政府强制地方电力公司为某些行业免费供电;诸如此类的补助使得非正规企业得以继续经营。

灰色的阴影

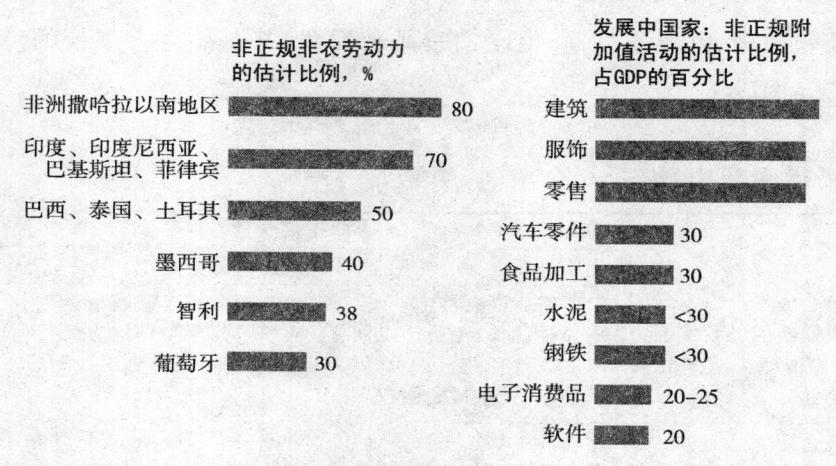

非正规非农劳动力的估计比例,%		发展中国家:非正规附加值活动的估计比例,占GDP的百分比	
非洲撒哈拉以南地区	80	建筑	
印度、印度尼西亚、巴基斯坦、菲律宾	70	服饰	
巴西、泰国、土耳其	50	零售	
墨西哥	40	汽车零件	30
智利	38	食品加工	30
葡萄牙	30	水泥	<30
		钢铁	<30
		电子消费品	20-25
		软件	20

资料来源:国际劳工组织;世界银行;麦肯锡分析。

  导致非正规经济形成的因素有三个。最明显的一个因素是法律义务履行不足——这缘于政府执法机构人员的配备和组织糟糕,违法惩处不力,司法系统效率低下。另一个因素在于正规经营的成本太高:烦琐的手续、高额的纳税负担、代价昂贵的产品质量规定和工人安全规定等都促使企业进入灰色市场经营。最后,社会标准也是这一问题的成因。在许多发展中国家,要求人们遵循法律的社会压力很小。在一些发展中国家,许多人把逃税和违规看做是小企业用来抗衡大型现代竞争者的优势的合理出路。

  因此,实际上非正规经济的规模在许多地方变得越来越大。例如在瑞典,据说随着一些企业设法逃避高额税款和严格的就业法律,非正规经济越来越高涨。在巴西,现在非正规经济雇用的非农业工人已经达到50%,而十年前只有40%。许多新兴市场非正规经济得以发展,缘于税务负担增加和政府执法预算减少——有时候,这个结果是国际货币基金组织(International Monetary Fund)和其他国际借贷组织要求采取财政紧缩措施所造成的。

非正规经济带来的有害后果

非正规经济从两方面抑制了经济增长和生产力发展。首先,非正规经济强大的刺激和动力体系把企业绑在灰色经济中,使得其规模不足、生产力低下。其次,逃税和违规带来的成本优势有助于非正规企业从较大的、更具生产力的正规竞争企业那里夺取市场份额。此外,非正规经济带来的不利后果不仅仅是经济方面的,也是社会方面的。

低生产力陷阱

学者、发展专家和政府官员常常声称非正规经济将随着时间的推移和正规部门的发展而减少。MGI的研究却表明,非正规企业掉入了自我强化的动力陷阱,这个陷阱将它们限定在小规模、低效率、低产出的工作上。该研究表明,全世界范围内,非正规企业的平均生产力水平是同部门正规企业的一半,同最好的企业相比更是相差悬殊。

一旦一家企业决定违规经营,它用于改善经营的投资能力和筹资发展的能力就会降低。许多非正规企业都不是合法实体,所以它们很少从正规的信贷机构中贷款;相反,它们依靠的是收取过高利率、只提供少量贷款的非法放债者。由于非正规企业不能依靠合法体制来履行合同,保护财产权,解决争端,因此与非即期交易方进行交易对它们来说是有风

第八章

险的。并且,因为企业规模较大可能会招致政府更多的审核,所以违规经营会阻碍企业的发展壮大。

此外,非正规企业的供应商—客户关系的构建方式往往使关系日后难以光明正大地发展。例如,非正规零售商常常从非正规生产商那里购买货物。有时候,非正规企业会自发成立联盟,以便履行合同并为联盟成员筹措资金,灰色经济的根基因此而埋得更深。但在许多国家和行业,例如在印度的服装业、巴西的饮料业、俄罗斯的杂货业等行业的生产和销售中,整个非正规价值链具有了其正规竞争对手几乎不可超越的成本优势。另外,非正规企业的客户是因为期待非常低廉的价格而来,如果非正规经济转变为正规经济并且不得不提高价格的话,它的许多客户就会另投别家。

因此,认为非正规企业可能会在得到发展后加入正规经济,这是一种误区。相反,它们会避开实现现代化的机会,继续从事低生产力的经营。没有比土耳其的米格罗斯(Migros Turk)超市的例子更能说明这一问题的了。20世纪90年代末,米格罗斯——土耳其最大的杂货零售商——试图将非正规的杂货店收归于一个大的品牌名下,这样就能给予它们更大的购买力和经营支持。尽管能够获得好处,然而由于该计划要求非正规的杂货店完全遵守纳税和缴纳社会保障金的要求,所以加入计划的店铺几乎没有几个。

由此看来,非正规的企业在不断地降低国家的整体生产力和生活水平。例如,葡萄牙和土耳其与美国在整体生产力上的差距有近50%是由非正规经济造成的。

抑制合法企业

非正规经济会阻止较大的、更具生产力的正规企业获得市场份额,因此也抑制了经济的发展。逃税和违规所带来的成本节约常常达到产

非正规经济的潜在危险

品最终价格的10%以上。这个优势让非正规企业——虽然它们的生产力低下——能够任意从价格上削弱正规的竞争对手，破坏正常的竞争过程（正常的竞争过程中，生产力水平较高的企业能抢占市场份额并取代生产力低下的企业）。

纵观发展中世界，正规企业处于劣势。据估计，在俄罗斯，非正规食品零售商通过少缴税款并从非正规供应商那里购买产品，相对超市而言，获得了13%的价格优势。MGI发现，如果这些零售商履行法律义务，它们相对于现代超市的价格劣势将会达到5%。因此，非正规经济妨碍超市获得市场份额，并且不利于全球零售商对俄罗斯进行投资，以及给它带来新的技术和最佳实践。

在巴西，正规超市发现，由于存在不劳而获的成本优势，它们无法从兼并非正规竞争者中获利。尽管超市可以提高其所兼并的企业的生产力，然而一旦这些企业履行了纳税义务，由于其规模很小，净利润将变为零（见"意想不到的结果"）。在土耳其，牛奶加工商利用非正规活动节省了接近20%的成本，因此尽管生产力很低，这些企业仍然存活了下来。在印度，非正规软件公司没有支付任何费用就获得了创新产品和版权，结果减少了正规企业的收入。如果软件的盗版率降低到美国的水平，该行业的生产力和收益率将会提高近90%。

无处不在的非正规经济极大地减少了政府的税收，这必定会提高强加在正规企业头上的税率，从而减缓经济的增长。提高税率除了增大了非正规企业不劳而获的成本优势之外，还减少了正规企业可用来投资于增强生产力的方法和技术的税后收入。这样，就可能产生恶性循环：提高征税迫使企业违规经营，结果又增加了剩下的那些正规企业的纳税负担；而在许多发展中国家，正规企业已经缴纳了80%以上的税收。这种作用机制部分解释了，为什么尽管经济解放和改革已经进行了十年之久，非正规经济在巴西却日渐盛行。

第八章

意想不到的结果

巴西零售商的例子

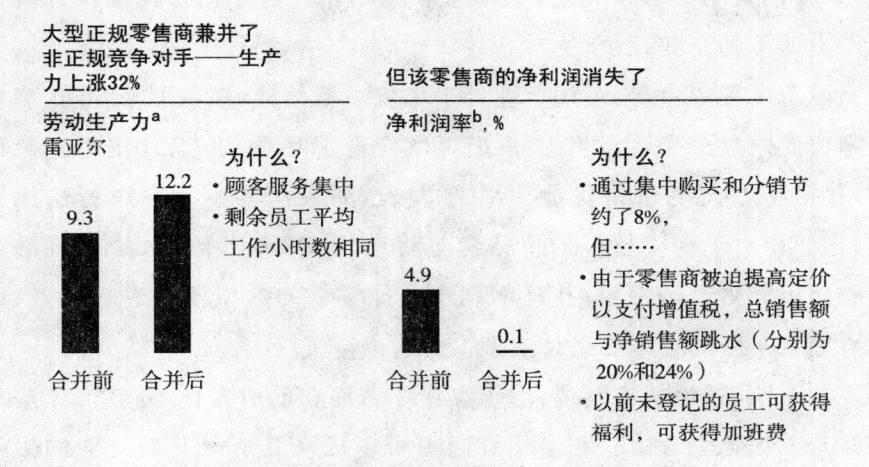

大型正规零售商兼并了非正规竞争对手——生产力上涨32%

劳动生产力[a]
雷亚尔

合并前 9.3
合并后 12.2

为什么？
- 顾客服务集中
- 剩余员工平均工作小时数相同

但该零售商的净利润消失了

净利润率[b]，%

合并前 4.9
合并后 0.1

为什么？
- 通过集中购买和分销节约了8%，但……
- 由于零售商被迫提高定价以支付增值税，总销售额与净销售额跳水（分别为20%和24%）
- 以前未登记的员工可获得福利，可获得加班费

[a] 员工每人每小时毛利润，按雷亚尔（巴西货币）计算；数据四舍五入。
[b] 基于净销售额。

资料来源：采访；巴西超市联盟（ABRAS）；麦肯锡分析。

社会成本

社会也要付出成本。大多数发展中国家从自身经济的成熟程度出发，实行了优厚的社会保障计划和工人劳动规定。问题是，所提供的这一切只对小部分工人发挥作用，即公共部门和正规企业雇用的工人。非正规经济中的工人是非常弱势的群体，他们的平均工资水平较低，卫生保障和安全保障较弱，成立工会的机会也比较少。

此外，顾客的选择会更少。在发展中国家，他们通常要么购买非常昂贵、高品质的商品和服务，如那些在富裕国家能找到的商品和服务，要么从非正规企业那里购买廉价劣质的商品和服务——通常，他们都没有

充分意识到其中的风险。于是,以中端市场为目标的商品和服务正在消失。比如,消费者只能要么选择特别安全的、经过巴氏消毒程序的牛奶,要么选择未经处理的牛奶;要么选择奢华的住宅,要么选择简陋的小屋;要么选择高价的现代大型购物中心,要么选择小的零售店;要么选择昂贵的西方汽车,要么选择摩托车和自行车。有可能开发出满足中端市场消费者需要的产品的中小企业大多都是非正规的,它们缺乏填补高端市场与低端市场中间的缺口的能力和动机。

对政策制定者的要求

在一般人看来,非正规经济的形成缘于腐败和缺乏政府资源,但MGI的经验所表明的情况却不是这样:它发现政府既没有充分地意识到减少非正规经济会带来巨大、积极的经济和社会效益,也没有投入足够多的资源来充分执行税收和其他方面的规制。

善意的政策制定者可能会争辩说,非正规企业还是值得给一个喘息机会的。从某种意义上说,这是正确的,因为向非正规企业强加重税和规制负担是不可能的,也会对社会造成危害。即使非正规企业出现腐败现象,也常常有冠冕堂皇的社会借口让它们继续得以留存:受困于没落产业中的工人无处可去,非正规企业可以防止他们失业。但进一步的分析表明,在这些案例中,如果政府给下岗工人现金补偿,对他们进行重新安置、重新培训,不但对经济更有好处,而且政府所耗资金也会更少。

这些常用的借口表明,政府低估了自身在消除所有引发非正规经济的诱因以及防止形成非正规经济方面所能做的和必须做的事情,这些诱因包括:高额的税款、复杂的纳税系统和规制、不力的执法和社会规范。实际上,仅仅通过向更多的企业收税,就可以很好地帮助政府削减税率,同时不减少税收。例如,在土耳其,MGI发现,这个国家只对64%的零售品征收了增值税。如果它加强执法,征收面达到90%,增值税税率就

第八章

能降低到13%（原来是18%），同时政府收入也不会减少。

为了增加成功的机会，避免就业突然出现大规模的变化，政府可以一次只处理一个部门的非正规经济。事实上，没有任何新兴市场可以成功地同时对所有的部门都加强执行所有的法律义务。在一些行业，非正规经营者直接与正规经营者竞争，它们拥有大量不劳而获的成本优势；而在另外一些行业，加强执法力度对供应链的其余部分会产生涟漪效果。减少这些行业中的非正规经济所产生的利益最大。在许多国家，征收零售增值税是一个很好的起点，因为它有助于政府了解零售商的供货企业的收入状况，从而也增强了对供货商的执法力度。

加强执法

在大多数国家，非正规经济之所以繁荣是因为执法不力，而不是因为存在管理漏洞。因此，第一步就是要增加资源，增强政府的审计能力。发达国家通常比发展中国家有更多的人员来收税和执法（见"无论采用何种惩罚措施，加强执法都很有效"）。此外，发达国家将税务处理与审计分隔开，许多国家还针对骗税行为对特殊类型的企业设立了独特的审计单位。例如，澳大利亚和英国就配备了针对大型企业的专家审计员。但许多发展中国家甚至没有独立的审计部门。发达国家使用复杂的方法（例如，以过去上报的收入或供货商的记录为基础）选择被审计的企业，但新兴市场的政府对企业的调查却是随意的，或者只是接到投诉才进行调查。另外，低效的法院体系使问题进一步恶化，因为即使在确定逃税的情况下，也很难起诉逃税者。

荒谬的是，征税还受到频繁的免税举措的阻挠。许多新兴市场的政府错误地认为，通过免除自愿补交欠税的非正规企业以前拖欠的税金，可以降低经济的非正规程度。例如，土耳其自1963年以来实行了十次税收大赦——几乎每四年一次——并且自1983年以来五次实行社会保障金大赦。大赦条款中包括,以土耳其货币里拉的历史价值为基础确定过去税款的价值。因为土耳其的通货膨胀率很高,这种方法大大降低了企业纳税的数额。政府在这类大赦中舍弃了大量的收入,而且更糟糕的是,这让现行执法变得更难,因为企业会等到下一次税收大赦之时才缴清税款。

无论采用何种惩罚措施,加强执法都很有效

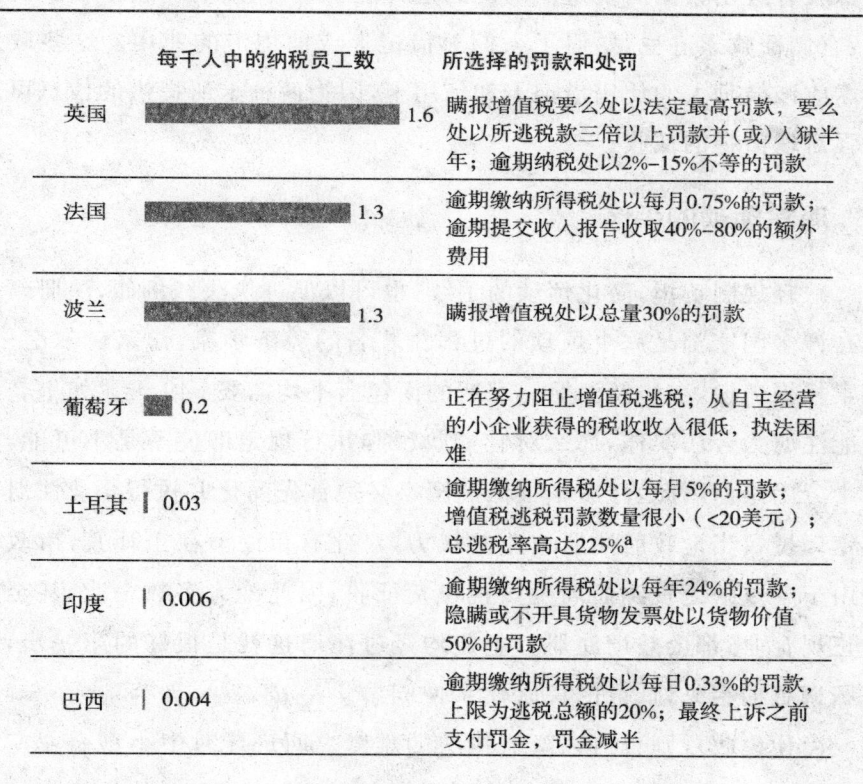

国家	每千人中的纳税员工数	所选择的罚款和处罚
英国	1.6	瞒报增值税要么处以法定最高罚款,要么处以所逃税款三倍以上罚款并(或)入狱半年;逾期纳税处以2%–15%不等的罚款
法国	1.3	逾期缴纳所得税处以每月0.75%的罚款;逾期提交收入报告收取40%–80%的额外费用
波兰	1.3	瞒报增值税处以总量30%的罚款
葡萄牙	0.2	正在努力阻止增值税逃税;从自主经营的小企业获得的税收收入很低,执法困难
土耳其	0.03	逾期缴纳所得税处以每月5%的罚款;增值税逃税罚款数量很小(<20美元);总逃税率高达225%[a]
印度	0.006	逾期缴纳所得税处以每年24%的罚款;隐瞒或不开具货物发票处以货物价值50%的罚款
巴西	0.004	逾期缴纳所得税处以每日0.33%的罚款,上限为逃税总额的20%;最终上诉之前支付罚金,罚金减半

[a] 每征收1个单位的税款,就有2.25个单位的税款逃逸。
资料来源:经济学家情报社;OECD;图中所示国家的税收当局;麦肯锡分析。

新兴市场的政府不但应该终止对逃税行为的宽恕,而且还应该加强

第八章

对逃税行为的处罚。在发达国家,逃税者通常会被处以所逃税款两三倍数额的罚款;如果长期逃税或牵涉到不止一桩逃税案,除上述罚款外还要处以监禁。而新兴市场的逃税者常常接受轻微的处罚后就能过关。例如,在土耳其,对增值税逃逸的罚款还不足20美元。

另一种政府用于加强执法的方法是,与银行、信用卡公司等付款提供单位合作,增加经过收集系统精确记录的资金交易数量,从而提高税务征收者可用数据的质量。不幸的是,现实中一些政府采用了相反的办法:它们征收累进税,妨碍了人们对借记卡或信用卡的使用。这些政府原本应该鼓励人们使用借记卡和信用卡,因为两种卡所提供的信息可以加强对增值税的征收。

消除烦琐的手续

减轻规制负担,简化烦琐的手续,也可以促进执法。例如,注册新公司在许多国家都是一个烦琐的过程。著名的经济学家、作家赫尔南多·德索托报道说,在埃及注册一家新的面包店平均需要549天。[3]如果企业未能注册为合法实体,那么对它们收税和执行规定即使不是不可能,也会十分困难。因此,注册率很低的国家必须首先简化并执行企业注册的规定。授权当地政府注册企业的权力,对此有帮助。在土耳其,市政当局由于严重缺乏资源而高度重视税费征收,因此绝大多数企业,甚至是非正规企业,都会登记注册。企业均经过注册这就是很好的第一步,可让国家更加容易地改进执法。

简化税收规则也可以降低执法的难度。西班牙对中小型企业应用新创的税规,这种税规因部门的不同而不同,并且以企业的规模特征而非其难以证实的申报收入为根据(例如,食品零售商可以选择按照其卖场的规模来征税)。这种做法已经被证明很受欢迎,并且西班牙政府因此而从中小型企业中多征收了75%的税款。

减税

最后,新兴市场的企业必须考虑减少并重新分配纳税任务,从而减缓非正规经济的增长。许多发展中国家不但拥有大型国有部门,而且拥有与富裕国家一样优厚的社会计划。例如,巴西政府在社会计划上耗费了国家30%以上的GDP——比美国政府还多些。其实,1913年美国已拥有了巴西今天的人均收入水平,而当时美国政府的这项开支只耗用了国家7%的GDP。在许多发展中国家,高额的债款、大规模的军队和庞大的官僚机构占据了政府开支的很大一部分。

期待发展中国家急剧减少政府开支可能是不现实的,甚至是不公平的。尽管如此,高额税款妨碍了正规企业的发展,并与经济的非正规程度居高不下相关。没有任何地方能比巴西和墨西哥的食品零售业更能诠释这一观点的了。非正规的食品零售商几乎获取了巴西80%的市场,但该市场所缴纳的食品增值税平均仅为12%;社会保障和所得税加重了正规零售商的负担。形成非正规经济的最大因素是现代食品零售链,它们现在已经占据了60%的市场。与此相反,在墨西哥,大部分的食品都免除了增值税。非正规经济在现代零售商中闻所未闻;此外,就连大量的小型传统城区零售商也注册并缴税。(然而,墨西哥对烟草和酒的销售征收了高额的增值税,因此这些部门的非正规经济的成分比较高。)

对现有的非正规企业提高征税可以帮助政府降低税率。而另一个减少企业税负的办法是,重新分配纳税任务,即把一些税负转换成个人所得税和财产税。巴西和其他新兴市场一样,80%以上的税收都来自企业,而发达国家的该项数据只有50%。因此提高财产税和个人所得税不但有可能减少企业税率,而且还有可能改善执法,因为财产税通常是由地方政府征收的。地方政府植根于当地,更容易查出逃税者,并且有

第八章

限的税收资源也使其具有彻查的强烈动机。

由于非正规经济误区长期存在,发展中国家无法正确对待非正规部门。其实,缩小非正规部门的规模几乎在每一个案例中都能排除成长和发展的障碍,带来大量的经济收入。不过,降低经济的非正规程度并不是一件容易的事,会有巨大的风险。但是,通过对造成非正规经济存在的根本原因——不力的执法、正规经营的高成本和有害的社会规范——拿出应对措施,政府可以对这个问题发起进攻,降低社会混乱加重的可能性。

世界各国同人以不同的方式帮助MGI深入了解非正规经济,推动了本文的写作进展,作者对他们表示感谢,他们是迪德姆·丁塞尔·巴塞尔(Didem Dincer Baser)、海因茨-彼得·埃尔斯特洛德(Heinz-Peter Elstrodt)、比尔·刘易斯(Bill Lewis)、戴维·米恩(David Meen)、文森特·帕尔马德(Vincent Palmade)和贾安娜·雷米斯。本文的观点综合了过去MGI一系列的报道,其中包括对巴西、印度、波兰、俄罗斯和土耳其的报道,这些报道是在麦肯锡地方办公室和外部学术顾问的紧密合作下得以完成的。

黛安娜·法雷尔
《麦肯锡季刊》,2004年第3期

第九章 治理巴西的非正规经济

乔·卡普 海因茨-彼得·埃尔斯特洛德 小威廉·B.琼斯

内容概要

灰色市场在巴西十分繁荣,非正规经济创造了近40%的国民收入。

许多巴西企业无视规制,拒绝缴税,因此它们拥有守法的竞争对手所无法获得的不公平优势,同时也损害了国家的生产力。

巴西严重的官僚主义应该为此后果承担部分责任:在巴西,逃税带来的好处大于被抓的风险和为此付出的代价,所以正是烦琐的规制、高额的税款与软弱的执法,共同纵容了逃税行为。

为什么尽管巴西提高了货币和财政的稳定性,其经济增长每年却只有3%—4%,而同样是正在崛起的巨人,中国和印度却能使GDP增加7%—10%?一个主要但却常常被人忽视的原因是巴西的非正规经济规模巨大,它限制了生产力,阻碍了企业投资。巴西的灰色市场阻碍了原本会很有效的宏观经济措施发挥效用,削弱了经济增长的潜力。事实上,一项研究[1]表明,如果政府仿效其他国家的成功举措并推出打击非正规活动的综合计划,巴西经济每年还可以再增长1.5%。

非正规经济收入约占巴西国民总收入的40%——比中国和印度所

第九章

宣布的比例大得多(见"灰色市场")。构成非正规经济的企业逃税,无视产品质量和安全规定,侵权,有时甚至没有注册为合法实体,它们的经营在一定程度上可以说完全是违法的。通过这些方式它们获得了成本优势,因此尽管其生产力平均只有正规部门的46%,然而在与守法对手的竞争中还是获得了胜利。正规企业输掉了利润和市场份额,因此也失去了对增强生产力的措施(如扩大产能,配备新技术,以及改善组织)进行投资的途径和动力。总之,这样的问题阻碍了经济发展的进程。[2]

灰色市场

非正规经济的规模,按其在国民总收入中的百分比计算,2003

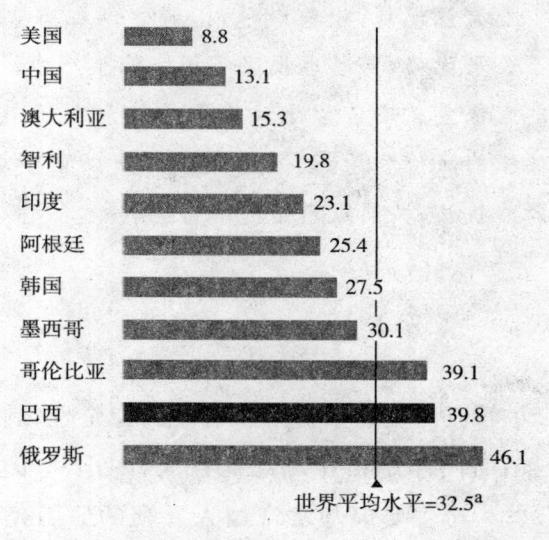

国家	百分比
美国	8.8
中国	13.1
澳大利亚	15.3
智利	19.8
印度	23.1
阿根廷	25.4
韩国	27.5
墨西哥	30.1
哥伦比亚	39.1
巴西	39.8
俄罗斯	46.1

世界平均水平=32.5[a]

[a] 世界银行在《2004年生意经:了解规制》中分析的133个国家的水平。
资料来源:国际劳工组织,联合国;世界银行。

正如我们所认为的,如果缩小灰色市场的规模是加速巴西经济增长的前提的话,令人担忧的是,情况正在变得更糟糕。事实上,非正规经济的就业水平在1992至2002年间一直高位徘徊于55%左右,即使在此期间整体劳动力中有7%的人从非正规程度很高的农业(其非正规程度大约是90%)中转移出来。而来自农业的劳动力并没有在其他部门找到正规的工作,这样又大大加深了制造业、建筑业和交通业的非正规程度(见"巴西的地下交易")。巴西最大的都市地区的就业数据显示,在1992至2002年间设立的工作中,非正规工作占87%。

巴西的地下交易

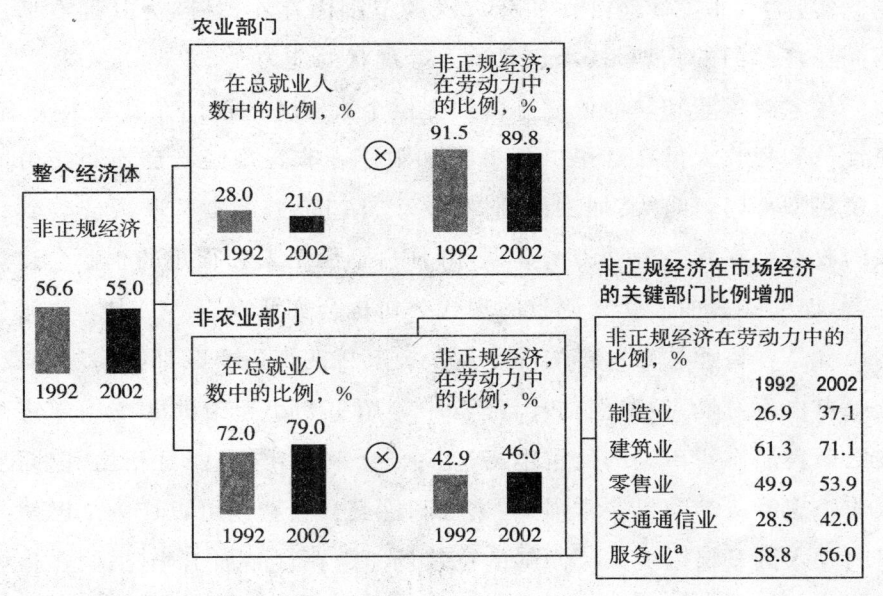

整个经济体

非正规经济

	1992	2002
	56.6	55.0

农业部门

在总就业人数中的比例, %

1992	2002
28.0	21.0

× 非正规经济,在劳动力中的比例, %

1992	2002
91.5	89.8

非农业部门

在总就业人数中的比例, %

1992	2002
72.0	79.0

× 非正规经济,在劳动力中的比例, %

1992	2002
42.9	46.0

非正规经济在市场经济的关键部门比例增加

非正规经济在劳动力中的比例, %

	1992	2002
制造业	26.9	37.1
建筑业	61.3	71.1
零售业	49.9	53.9
交通通信业	28.5	42.0
服务业[a]	58.8	56.0

[a] 不含公共管理和社会服务。

灰色地带

在占总就业人数60%以上的11个部门中,每一个部门的非正规劳动力都超过半数。这些部门是:农畜部门、服装及服饰部门、建筑部门、

第九章

国内服务部门、家具部门、汽油零售部门、酒店部门、个人服务部门(如美容、美发、洗衣等)、娱乐与文化活动部门、零售与批发部门、纺织部门。相反,只有17%的劳动力在非正规程度接近发达国家20%之平均水平的部门工作。而这些劳动力大部分受雇于非市场化的部门,如政府、卫生服务部门和教育部门等。因此,巴西市场经济的主要部分都处于非正规经济所导致的扭曲竞争的控制之下。

非正规经济的非正规程度和存在形式根据各部门的价值链,其所适用的税收和管理方式,其应付管理或税收机构的具体计划之不同而不同。实际上,非正规经济在如此广泛的范围内存在,是因为其拥有适应不同经济部门的管理、技术和竞争力等现状的能力。

住宅建筑业和其他依靠小公司提供个人服务的部门尤其令人头痛,审计员和税收人员在这里的任务更加艰巨。非正规经济还遍布于劳动力密集型部门,如食品加工部门,在这个部门逃避薪资关联税能得到很大的收益。在此类劳动力密集型部门中,不但个人和很小的企业会违规经营,连一些表面上受人尊重的现代公司也会如此。

食品零售业就是这样的一个例子。95%的街边小贩都在违法经营,这一点也不奇怪,但我们估计,经营中等超市和小超市的非正规零售商在巴西食品零售市场的比重也高达60%。例如,与墨西哥相比,巴西形成非正规经济的动机非常强烈:逃税和逃交社会费用可以让一个巴西超市的收入翻三倍以上(见"倾斜的竞技场")。在食品加工业,虽然非正规工作只是较小的一部分(大约为40%),但随着非正规食品加工商、批发商和零售商相互勾结,非正规工作问题变得日益严重起来,使得整个价值链上形成的成本优势超过了50%。其中,肉类和奶制品部门约有60%的人受雇于非正规经济。肉类加工企业中,我们估计所有产品中有1/3(按重量计算)以上来自非正规的生产商。因为其中许多生产商都无视处理畜体的规定,这给消费者健康带来了严重的危害。

在巴西的音像和软件部门,非正规经营实体迅速增多的主要原因是违反版权法。非法复制的光碟在市场中的份额日益扩大:从1997年的5%增长到2002年的53%。执法不严可能是导致这一问题的原因。从1999年到2001年,公设律师办公室存档的6 248件与版权相关的诉讼案中只有17%得以定罪。

制药业整个价值链的非正规经营实体也越来越多,非法生产商在制药业中快速地获得了市场份额,现在它们已经控制了1/3的市场。在分销商和零售商中,利用不同州之间的税率差已经成为常用的伎俩。其中,有一种办法可以将产品价格削减10%以上:在税率较低的州注册公司和销售部门,然后在税率较高的州出售产品,从而刺激了药品向税率较低的州流动。此外,药品零售业中30%的劳动力都在为非正规的雇主工作。圣保罗州地方医药委员会(the Regional Pharmacy Council of the state of São Paulo)[3]指出,许多基层单位有明显的逃税迹象,一半以上的制药企业都在违规经营。

倾斜的竞技场

以食品零售业为例;指数:非正规零售商的净利润=100[a]

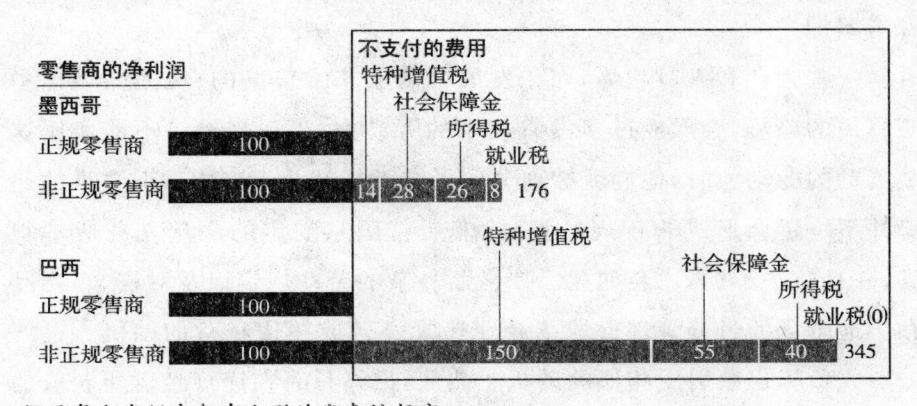

零售商的净利润		不支付的费用
墨西哥		
正规零售商	100	
非正规零售商	100	14 / 28 / 26 / 8 → 176 (特种增值税 / 社会保障金 / 所得税 / 就业税)
巴西		
正规零售商	100	
非正规零售商	100	150 / 55 / 40 → 345 (特种增值税 / 社会保障金 / 所得税 / 就业税(0))

[a] 假设每个案例中都有小型的代表性超市。

第九章

汽油零售部门中至少有20%的劳动力是非正规的,并且其非正规经营实体的数量一直都在迅速增加,独营加油站尤其如此,它们已经将市场份额从1999年的6%增加到了2002年的27%。非正规竞争者用多种方法逃避了高额汽油税,所逃税额几乎可以达到零售价格的一半。据国家石油局(National Petroleum Agency)调查,独营加油站所出售的汽油中至少有10%是掺假油(例如,将不用缴税的工业溶剂加入其中)。[4]而最近的国会调查发现,这种掺假的做法可能会流传得更广。此外,巴西销售的酒精燃料中半数——大约为该国微型轿车使用燃料的12%——都未上报给税务当局。燃料零售部门总的逃税量有可能超过33亿雷亚尔(12亿美元)——这个数字超过了石油生产商交纳给巴西各州和市政当局的石油特许开采费的总值。

根本原因

尽管确定非正规经济的活动方式非常重要,然而政策制定者还必须了解非正规经济得以存在的根本原因,这样才能进行有效的补救。世界上的非正规经济都受到三个主要因素的驱使:某些社会和人口趋势,加入正规行列所付出的高代价,以及不力的执法。巴西就是每一个因素的课本案例。

一些社会和人口趋势,如在发展中国家非常普遍的、快速向城市中心移民的趋势,会形成过多没有技术的劳动力,当正规经济不能雇用这些流动的劳动力时,他们就被划分到了非正规就业人口中。但这样的趋势并不一定会形成非正规经济,除非履行国家规定的法定义务成本很高,并且执法不严,才会如此。严格而复杂的劳动规定以及对资金、产品和土地市场的过分管理促成了企业违规经营或擦边经营的动机。过度的税收负担也会引发相似的动机。然而,最终只有在违规经营所获取的利益大于被抓的风险以及为此所付出的代价的情况下,企业才会违规经营。如果不加强执法,违规经营就会越发具有吸引力。

　　大部分的发展中国家都设立了复杂的劳动规定,还有许多国家过分苛刻地规定了安全和产品标准,因此只有公共部门和大型私有企业才会遵守这些法规。而在非正规市场,雇主用较低的成本就能支付给工人较高的工资,所以大部分的劳动力都转向了这个市场。世界银行的比较研究一贯将巴西置于拥有最烦琐的管理要求和最庞大的官僚机构的国家之列。例如,成立一家公司需要152天,是世界平均天数的三倍。该研究还注意到,巴西的劳动法是世界上最僵化的劳动法之一。

　　发展中国家的另一个障碍存在于财政体制,它既体现了税负水平（所得税、消费税、增值税和社会保险金）,又表明了纳税的管理成本。征税过度反而会刺激逃税,如果企业通过逃税能削减20%—30%的产品最终价格,就更是如此。总的说来,发展中国家所征收的税款达到GDP的25%,而正规企业所缴纳的税款约为总税款的80%。与之相比,发达国家征收的税款达到GDP的30%,但正规企业的纳税款只占总税款的一半。巴西总的税收水平和发达国家一样很高,但它的税收体制却和发展中国家相似,以企业为征收对象。结果,巴西的企业税负位于世界上最重的企业税负之列。据国际管理发展学院（International Institute for Management Development）称,2002年巴西总的税负在GDP中的比重从1992年的26%上升到36%,而2/3的税收是由正规企业缴纳的。

　　虽然这些障碍因部门而异（要么是税收起主导作用,要么是一些规定起主导作用）,但我们的研究表明,非正规经济只有在各种机构和司法系统薄弱、低效或腐败的情况下才会出现。巴西似乎在这一方面比较容易受到攻击:它没有专门的商业法庭,税收机构很少,对逃税的惩罚也比较仁慈。而且,立法和执法系统的各个部分透明度不高,相互信任度不够——这些不足导致了高度腐败,更加重了问题的严重性。经济学家阿曼多·卡斯特拉·裴瑞拉（Armando Castelar Pinheiro）与巴西应用经济学

第九章

研究学院(Institute of Applied Economics Research)[5]共同进行的一项研究预计,从根本上改进巴西司法界的绩效将会形成10.4%的投资增量。

相反,一些亚洲国家从来都没有遇到过严重的非正规经济问题,结果,它们要么已经加入到世界富裕国家之列,要么已经迅速缩小了与富国之间的差距。日本、新加坡和韩国均受益于相对较小的税收和管理负担以及强大的立法和执法系统。西方国家在发展的初期也得到了相同的益处。例如,1913年美国的企业税负虽然只有GDP的4%,但当时它已经达到巴西目前的经济发展水平。而巴西现在的企业税负水平已接近GDP的25%。

在巴西,驱动非正规经济的因素已经清楚地呈现出来。洞察这些因素是减少非正规经济的行动起点,也是减少它们所造成的竞争扭曲(竞争扭曲会阻碍经济发展)的起点。

采取协作的办法

处理非正规经济可以带来意义重大的进步——既可以通过部门改革在短期内取得巨大进步,也可以与结构改革相结合,取得较长时间内的巨大进步。既然巴西政府已经在一定程度上恢复了宏观经济的稳定,那么减少非正规经济的努力应该得到加强;事实上,由于非正规经济涉及众多隐含诱因、庞大的既得利益和富有创造力的从业者,所以巴西政府必须努力优先处理非正规经济问题。这种显著的努力还将有助于最大限度地动员商业社区、政策制定者和社会。葡萄牙在这方面可能是一个很好的典范,它的政府已经将非正规经济看做导致葡萄牙与领先的欧洲国家之间生产力差距的唯一最重要原因,并推出了经济发展计划——"葡萄牙2010",这个计划彰显了减少非正规经济的一揽子措施的地位。[6]

为各部门量身定做改革

改革必须适合各部门本身。比较而言,在银行、钢铁和电信等部门,现代化程度较高的企业中只有极少数在通过不规范的活动寻求竞争优势。既然非正规经济在这些部门是例外而不是惯例,那么改革的重点应该放在更好的管控和税收流程上。但对非正规经济占统治地位的部门,如零售和住宅建筑部门,就要求采取更多的结构变革。例如,俄罗斯的现代格局(modern format)企业需要缴纳相对较高的税款,而波兰与之相反,推出了一项计划,对传统零售商和现代零售商征收同等的税额,同时分配给两者大量的资源,减少逃税。结果,波兰吸引了大量的外商直接投资流入现代零售部门,如今这批投资所创造的零售量已占波兰零售总量的60%。此外,在巴西,许多政府机构都开始从不同部门的角度来考虑政策和规则的制定。例如,联邦税收机构现在要求所有的巴西饮料工厂都要有测量漏计液体的装置——这一举措可以将预计的7.2亿雷亚尔的逃税款减少5亿。

此外,部门战略常常可以相对快速地得以实施,并且不会带来大范围的立法变动。因此它们提供了快速制胜的机会,这个机会有助于维持政治动力,确保公众舆论支持深化结构改革。

破除结构障碍

长期的根本变革取决于消灭非正规经济存在的动力,所以它应该与促进短期进步的部门措施相伴而行。

例如,秘鲁政府总结称,大量的穷人实际上已经被排除在正规的经济活动之外:复杂而庞大的官僚主义使得合法开设公司或以某种经济上有效的方式利用个人资产变得很难。[7]这个诊断让秘鲁在20世纪90年代早期为了使经济变得更加正规,出台了大量的措施。如今,在秘鲁注

第九章

册一家公司只需一天而不是300天,所需费用只要175美元而非1 200美元。结果,从1991年到1997年,秘鲁的67.1万家企业和55.8万份工作都实现了正规化。

西班牙也在20世纪90年代推行了结构改革,简化了税收体制,创立了打击逃税的新机构。结果,西班牙从小型企业那里征收的税款增加了75%。并且,它还推行更加灵活的劳动法,这个重要的举措减少了雇主在员工注册时所承担的费用和风险,从而刺激了正规工作的形成。这些变革仅仅在六年间就减少了40%的失业人数。此外,西班牙的改革还允许雇主和雇员就雇佣合同的条款直接进行磋商,而不是仅仅用劳动法来规定。对临时工作的规定——以前让立法者感到头痛的问题——也自由化了。另外,西班牙还为年轻人和很难找到工作的群体设计了新型的长期工作合同。这种新合同将雇主支付给下岗员工的费用减少了60%。此外,许多兼职障碍都被扫除。更重要的是,雇主需要为未明确规定的兼职工作缴纳的社会保险金(员工薪水的百分比)减少了25%—45%。

巴西的结构改革正在进行中,其政府已经通过了公共养老金和税收法案,并且正在考虑对劳动力市场进行改革。巴西国会最近通过了实现国家破产法现代化的立法,并就一些旨在减轻低收入者的社会保险金的负担和简化创建公司的流程的措施进行了讨论。

加强法律体系

因为实现经济正规化的另一个要求是建立高效的法律体系,所以在许多国家,法律改革已被提到重要的日程。发达国家和发展中国家里提高执法效率的例子数不胜数。例如,美国和意大利依照逃税者的收入状况对逃税处以高额罚款,并且在媒体公布处罚结果。另外,美国在逃税案中增加了会计师的刑事责任,意大利也对接受产品或服务但没有发票的审计员处以罚款。在智利,如果零售商无法证明其产品的来源,这些货物可能会被税务当局查抄,出纳如果不开具发票也会受到惩罚。

国际经验表明,需要建立执法机构,专门用来发起和协助打击非正规经济的战斗。爱尔兰、荷兰、西班牙和美国都设立了专门的机构打击逃税和逃缴社会费用的行为;波兰和西班牙则设立了专门受理逃税案的法庭。巴西正在讨论是否要创建一个机构以配合重要政府机构的努力,这些政府机构包括公设律师办公室(Public Attorney's Office)、联邦税务秘书处(Federal Tax Secretariat)和经济法秘书处(Economic Law Secretariat)。

我们预计巴西每年的经济增长率还会增加1.5%,这看上去可能有些高,但如果我们回顾减少非正规经济所带来的一些益处,这个结论显然很合理。在比较正规的经济体中,生产力是竞争优势的主要源泉,因此应该鼓励企业优化其流程。同样,降低经济的非正规程度减少了资金和劳动力的相对成本被扭曲的程度,从而促进了自动化。随着正规的现代企业——它们有着更高的生产力——从生产力较低的企业那里夺取了市场份额,非正规经济体的数量会相应减少,企业的兼并也会得到促进。最后,降低经济的非正规程度有助于增加整体投资,因为现代竞争者明白自己将由此拥有公平赢得竞争的机会。

乔·卡普　海因茨-彼得·埃尔斯特洛德　小威廉·B.琼斯
《麦肯锡季刊》网络独立版,2005年1月

第十章　土耳其灰色市场的代价

迪德姆·丁赛尔·巴赛尔　黛安娜·法雷尔　戴维·E.米恩

内容概要

土耳其的非正规经济是阻碍经济更快、更稳增长的最大障碍。

许多企业轻视纳税及劳动力和产品市场等方面的规定。

非正规活动和官僚机构阻碍了外商直接投资。

土耳其应该立刻将注意力集中在应对逃税和加强管理上。更好地执行健全的税法和企业规定将有助于政府降低税额,从而鼓励更多的企业加入到正规经济中。

土耳其和其他国家一样,GDP的增长非常依赖于生产力增长率。然而,MGI对该经济体11个部门进行的一项详细研究[1]表明,整个经济体目前体现出的水平只达到其潜在生产力水平的一半。[2]换种形式来表达,即土耳其的生产力目前只有美国水平的40%,但我们相信它可以达到70%(见"可以实现的梦想")。

由于在20世纪80年代和90年代土耳其进行了经济改革,所以我们研究过的其他国家中所存在的许多十分明显的生产力障碍在土耳其并不存在。然而,三个残留的问题却阻碍了土耳其生产力的增长:大规

第十章

模的非正规经济、宏观经济和政治的不稳定、政府所有权。总之,土耳其目前的生产力与其潜在生产力水平之间存在着差距,我们估计这三个问题要负93%的责任(见"三个可确定的问题")。非正规经济是阻碍土耳其经济更快、更稳增长的最大障碍,本文集中讨论了其非正规经济的成因和后果。

可以实现的梦想

指数:拥有最佳实践方式的国家在每个部门的劳动生产力水平=100

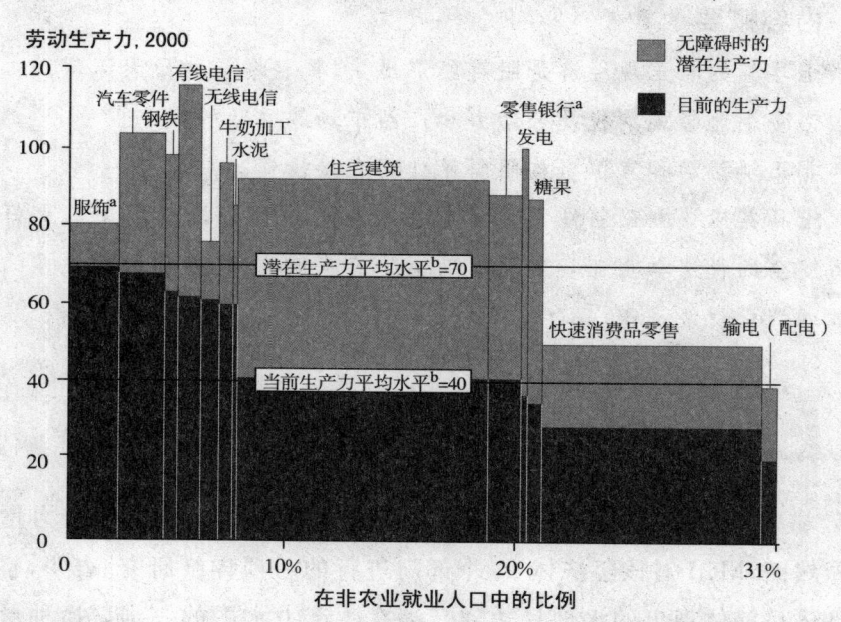

劳动生产力,2000

无障碍时的潜在生产力
目前的生产力

部门:服饰[a]、汽车零件、钢铁、有线电信、无线电信、牛奶加工、水泥、住宅建筑、零售银行[a]、发电、糖果、快速消费品零售、输电(配电)

潜在生产力平均水平[b]=70
当前生产力平均水平[b]=40

在非农业就业人口中的比例

[a] 2002年的数据。
[b] 整个非农业经济的估计值。

130

三个可确定的问题

指数：2000年美国劳动生产力水平＝100

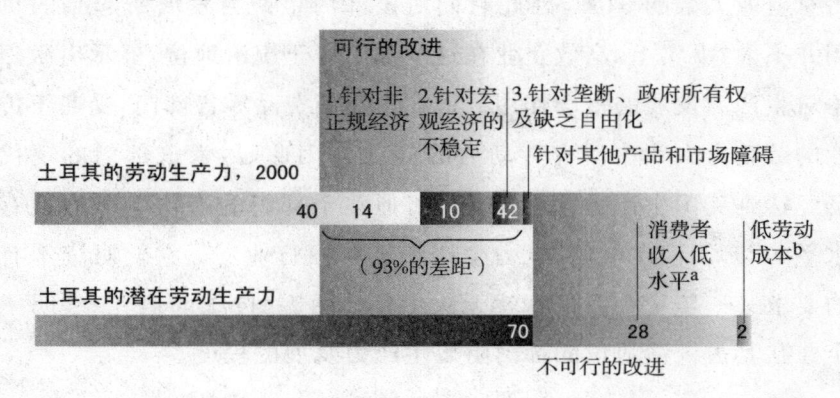

```
                    可行的改进
                    1.针对非  2.针对宏  3.针对垄断、政府所有权
                    正规经济  观经济的  及缺乏自由化
                             不稳定    针对其他产品和市场障碍
土耳其的劳动生产力，2000
              40   14   10   42              消费者    低劳
                                             收入低    动成
                                             水平ᵃ     本ᵇ
土耳其的潜在劳动生产力
                   （93%的差距）
                        70                    28      2
                              不可行的改进
```

ᵃ 例如,在需要基本固定的资本投资和劳动力输入而不计输出水平的部门,生产力的提高主要依靠输出的提高,因此它受消费者收入水平驱动。
ᵇ 低劳动力成本会阻碍节约劳动力的技术投资;而在劳动力成本很高的国家进行此类投资,有利可图。例如,由于土耳其的劳动力成本很低,所以糖果业的二手包装(装盒)和码堆自动化从经济上讲并不可取。

双轨经济

土耳其经济严重分化。在每一个部门,现代企业采用前沿的技术,开发出许多最优的经营方式,并成功地实现了真正的规模经济。总的说来,这样的现代企业的平均生产力水平为美国的62%。然而,除了这些高效的企业外,土耳其还有许多传统的实体,它们放慢了生产力发展的整体速度。³在我们研究的部门中,传统企业实体雇用了一半的部门劳动力,但平均生产力水平还不到美国企业平均生产力水平的1/4。传统的企业常常规模较小或具有中等规模,通常不能较好地利用所得的技术。它们的产品和服务往往质量低下,几乎没有什么合乎标准的生产流程。此

第十章

外,它们当中的大部分企业由于缺乏规模经济而发展受阻。

传统企业对经济的影响因部门而异。例如,在汽车零件部门,它们只占总就业人数的31%,因此它们对该部门生产力发展所起到的负面作用并不大;事实上,高效企业在这个部门居于统治地位,展示出激烈的竞争对生产力发展的推动作用。但在快速消费品零售部门,受雇于传统企业的劳动力人数占所有劳动力的88%。因此,尽管该部门的现代企业已经达到美国生产力水平的75%,但整个部门的平均生产力只有美国水平的29%。而在电信、电力生产和零售银行业——它们对资本有很高的要求——传统企业根本就无法生存。图表"传统的诅咒"表明了传统企业在其占统治地位的部门阻碍生产力发展的程度。

非正规经济阻碍了生产力进步

为什么传统企业不升级其经营方式呢?答案在于,许多传统企业滞留在非正规经济中可不劳而获地得到许多优势。

与其他新兴经济体一样,面对来自更为高效的企业的竞争,那些尚未采取措施来提高绩效的土耳其的传统企业将被淘汰出局。然而,在许多部门经营效率低下的情况下,企业倒闭的程度却比预计的低。出现这种情况的原因是,许多传统企业通过违规经营,即无视纳税、劳动力和产品市场等方面的规定,获得了得以生存的成本优势。例如,许多企业不缴增值税或社会保障金,不遵守卫生或产品质量标准,不支付最低工资。

土耳其的糖果部门正好是这样一个例子。一半以上的国内市场被某家糖果制造商所控制,而国外糖果商只有一家小型企业。剩下的大部分市场被350家企业所瓜分(见"拥挤的竞技场"),其中90%是传统企业,且大部分都是非正规企业。结果,该部门的整体生产力[4]只有美国水平的35%。传统糖果企业的生产力只有美国水平的18%,它们面临产能利用率低[5]、生产的规模经济程度低以及自动化水平弱等问题。但它

传统的诅咒

指数：美国的劳动生产力水平＝100

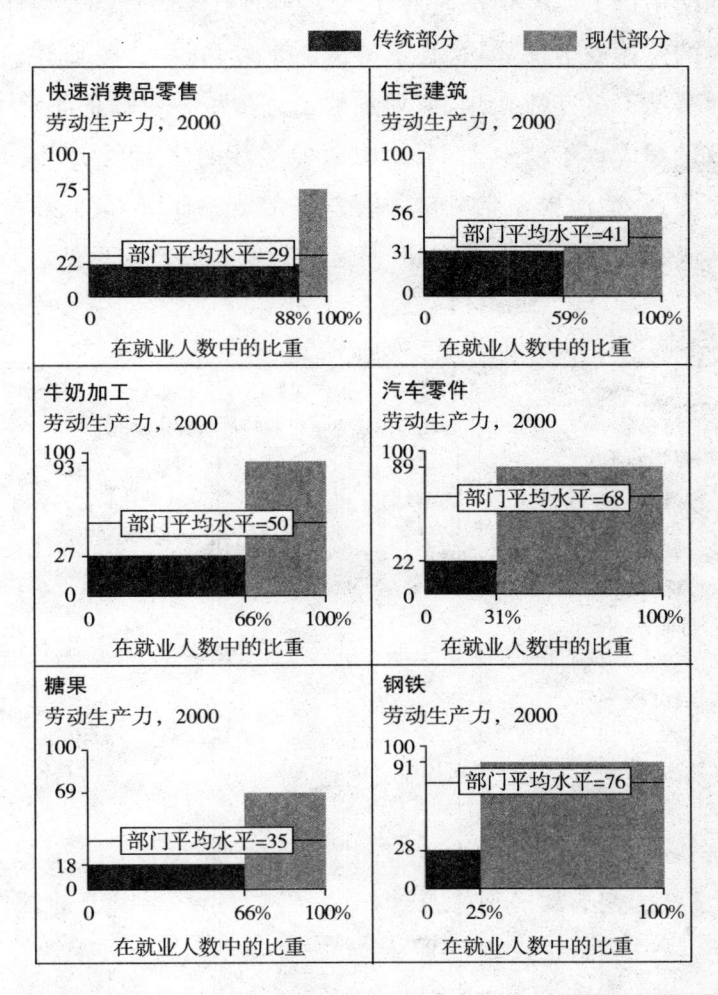

■ 传统部分　▨ 现代部分

快速消费品零售
劳动生产力，2000
- 传统部分：22（0–88%）
- 现代部分：75（88%–100%）
- 部门平均水平=29
- 在就业人数中的比重

住宅建筑
劳动生产力，2000
- 传统部分：31（0–59%）
- 现代部分：56（59%–100%）
- 部门平均水平=41
- 在就业人数中的比重

牛奶加工
劳动生产力，2000
- 传统部分：27（0–66%）
- 现代部分：93（66%–100%）
- 部门平均水平=50
- 在就业人数中的比重

汽车零件
劳动生产力，2000
- 传统部分：22（0–31%）
- 现代部分：89（31%–100%）
- 部门平均水平=68
- 在就业人数中的比重

糖果
劳动生产力，2000
- 传统部分：18（0–66%）
- 现代部分：69（66%–100%）
- 部门平均水平=35
- 在就业人数中的比重

钢铁
劳动生产力，2000
- 传统部分：28（0–25%）
- 现代部分：91（25%–100%）
- 部门平均水平=76
- 在就业人数中的比重

们并没有被生产力更强的企业挤出市场，因为与现代企业相比，逃避所得税、增值税和社会保障义务让它们减少了7%的产品成本。通常，这就足以让传统企业得以维持经营。

第十章

　　非正规企业不劳而获的成本优势的大小在各个行业中是不同的,其发挥的作用也各不相同。在快速消费品零售业,逃税可以让零售商的月收入增加两倍以上。但从长远来看,要战胜现代零售商因其高生产力水平而享有的整体成本优势,这是不够的。不过,让一些企业在营业额逐渐减少的情况下多存活几年,这却足够了。传统零售商的生产力低下,它们的数量理应每年减少10%—20%,但实际的比例是5%或6%。在牛奶加工业,一些违规企业享有高达20%的成本优势,最低效的企业甚至因为其成本优势而免于淘汰,故而这个行业的破产率更低。

拥挤的竞技场

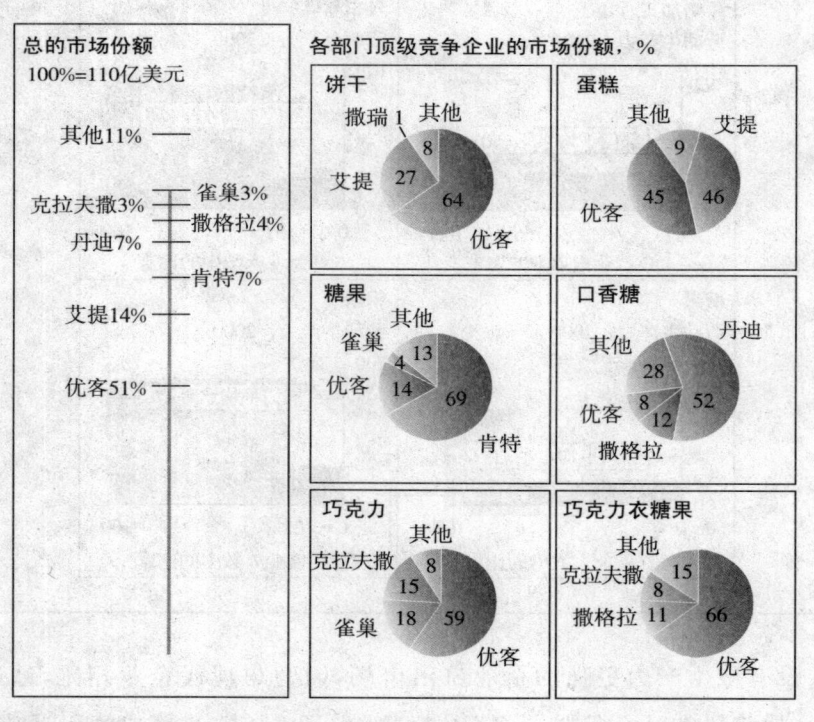

总的市场份额
100%=110亿美元

其他 11%
克拉夫撒 3%　　雀巢 3%
　　　　　　　撒格拉 4%
丹迪 7%
　　　　　　　肯特 7%
艾提 14%

优客 51%

各部门顶级竞争企业的市场份额,%

饼干
撒瑞 1　其他 8
艾提 27
优客 64

蛋糕
其他 9
优客 45　艾提 46

糖果
其他 4
雀巢 13
优客 14
肯特 69

口香糖
其他 28
丹迪 52
优客 8
撒格拉 12

巧克力
克拉夫撒 8
雀巢 15
优客 59
其他 18

巧克力衣糖果
其他 15
克拉夫撒 8
撒格拉 11
优客 66

资料来源:AC Nielsen Zet;麦肯锡分析。

134

即使是在大型的现代汽车零件业,非正规企业的存在也是生产力水平比应该达到的水平低的一个原因。土耳其是全球汽车零件市场的一个主要参与者,该行业的全要素生产力达到了美国水平的91%。[6] 如果没有非正规经济存在,这个数值还可以升高——我们预计,可达到127%。现代企业占了汽车零件部门就业人数的69%,平均超出美国竞争者10%。

传统的代价

各类汽车供应商的生产力,2000年;指数:1997年美国的水平=100

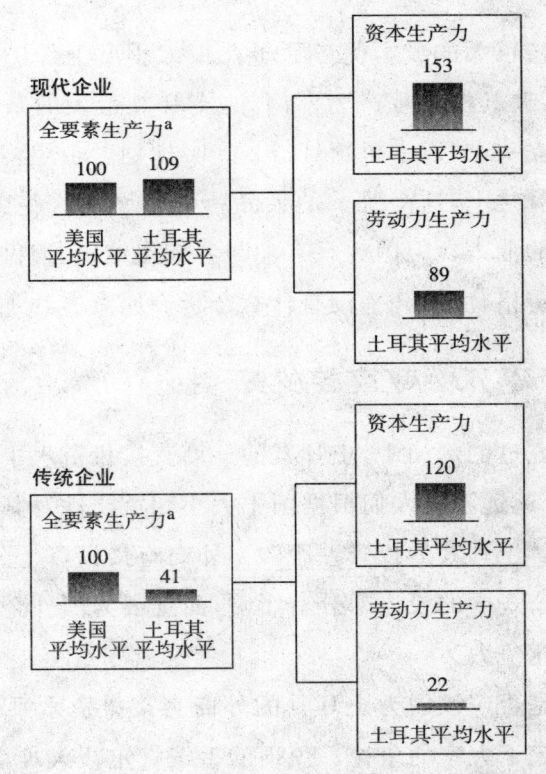

现代企业

全要素生产力[a]
- 美国平均水平:100
- 土耳其平均水平:109

资本生产力
- 土耳其平均水平:153

劳动力生产力
- 土耳其平均水平:89

传统企业

全要素生产力[a]
- 美国平均水平:100
- 土耳其平均水平:41

资本生产力
- 土耳其平均水平:120

劳动力生产力
- 土耳其平均水平:22

[a] 利用平均资本加权因子0.37和平均劳动力加权因子0.63计算所得。
资料来源:采访;1997年经济统计调查(美国调查局);麦肯锡分析。

第十章

但这个成就还是被小规模的传统制造商破坏了,传统制造商的生产力水平只有美国的41%(见"传统的代价")。它们大量利用劳动力而尽量减少资本投资,制造出大量低价值、低质量的产品,这些产品主要销往国内零售市场。此外,许多传统企业经营规模很小,员工还不到20人。

非正规企业逃税,制造不符合标准的次品但却不受惩处,所以它们减少了30%以上的成本,从而可以制定比现代企业更低的价格。如果没有这样的成本优势,且无法提高生产力,许多非正规企业就很可能停业。届时,现代企业的市场份额将会增加,从而整个行业的生产力也会得到提高。

非正规经济巨大的成本优势除了在很大程度上保护传统企业免于停业外,也会阻碍其提高生产力。例如,土耳其最大的杂货零售商米格罗斯曾试图设立一个"巴卡里姆(Bakkalim)计划",希望将较小的店铺聚集在一个大品牌之下,这个统一的大品牌可以增强这些店铺在采买、物流和销售方面的能力。但因为只有参与者依法纳税,遵循社会保障规定才能获得成员资格,所以几乎没有什么杂货商愿意签约加入。

灰色经济阻碍了外商直接投资

在我们研究过的部门中,土耳其的外商直接投资水平比其他新兴市场的水平低,也远远不及人们根据国土大小和重要性对其外商直接投资水平的期待(见"土耳其的投资差距")。外商直接投资十分重要,不仅因为它对生产力公式中的投入部分有影响,而且因为国外企业常常能促使当地企业提高竞争力。

官僚主义是否应该因为土耳其的外商直接投资水平低下而受到谴责?这一点引起了大家的争论。烦琐的手续肯定让人难堪重负。例如,创立一家企业需要19个不同的行政步骤;而按照国际标准做法来看,其中好几项都是多余的。但我们的走访却表明,烦琐的手续并非生产力的根本障碍：因为不论是国外企业还是国内企业都受其影响，所以烦琐的手续并不会扭曲竞争的激烈程度。一些外国经理人说，烦琐的手续这个确定的因素在发达和发展中经济体中都存在，在任何一个地方都很棘手。

土耳其的投资差距

外商直接投资在部门总收入中的百分比，2000年

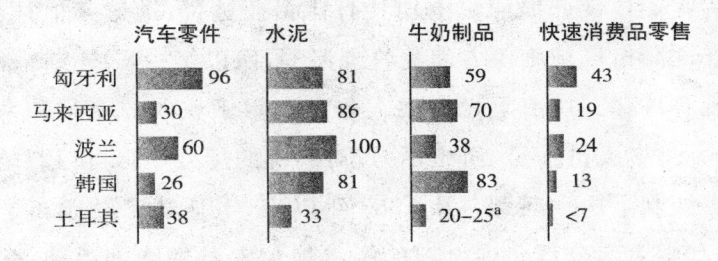

	汽车零件	水泥	牛奶制品	快速消费品零售
匈牙利	96	81	59	43
马来西亚	30	86	70	19
波兰	60	100	38	24
韩国	26	81	83	13
土耳其	38	33	20–25[a]	<7

[a] 外商直接投资在原料乳处理部门中的百分比。

相反，导致土耳其外商直接投资记录不佳的因素似乎与造成该国生产力低下的三个因素相同，其中包括经济中的非正规成分太高，它妨碍了国外投资者的发展前景。例如，雀巢和达能公司在20世纪90年代初实现原料乳供货自由化后，双双对土耳其的牛奶市场进行投资，但由于非正规竞争者凭借不劳而获的成本优势掌握着与之不相称的市场份额，所以这两家现代生产商工厂的产能利用率几乎比美国平均水平低30%。

让经济变得更正规

打击非正规经营者确实会造成短期损失：在发展中国家，非正规企业为大群迁移到城市中心、没有技术的劳动力提供了工作。但其中的许

第十章

多工作日后可能会消失。因此,从长期来看,更高的生产力创造的工作将会多得多。我们预计,土耳其当前的生产力和潜在的生产力之间的差距中,33%是由非正规经济造成的。

毋庸置疑,在失去工作岗位与创建新的工作岗位之间有一个时间差,而且两者之间的过渡并不容易。然而,这个过程中的许多痛苦可能会因为设立目标计划而得到缓解,并且我们认为,处理非正规经济这一问题会带来非常有价值的长期回报。

因为我们还没证据证明土耳其有让企业逃税,逃避其他社会义务,以及破坏产品市场规则等方面的管理漏洞,所以第一步应该确保更严格地执行现有法律。执法不力在很大程度上缘于软弱的流程和系统。例如,税务办公室人员不足,组织不力,对逃税的惩处小得可以忽略等。政治决定更加剧了这一问题。从1963年以来,土耳其已经颁布了十项税收大赦,其中大部分都允许自首的税款拖欠者分期缴纳税款,并可以按旧的土耳其里拉的价值交纳——这在一个20世纪90年代年均通货膨胀率超过60%的国家来说,是一项天大的优惠。因此,许多人宁愿等待下次税收大赦也不愿按时纳税,这一点也不奇怪。

同时加强多个行业行规的执行将是一项巨大的工程。因此,最初只在某个单独的领域中集中进行该工程将更加实际。我们认为,挑选的领域中应该有逃税现象,它是造成非正规经营者拥有成本优势的最重要原因。例如,土耳其政府可以通过防止汽车零件供应商的下游企业逃避增值税,即阻止批发商、零售商和修理厂逃避增值税,强迫汽车零件部门的非正规经营者改过。严格管理价值链的下游环节应该会让整个部门都依法纳税。

更好地执行税法将有助于政府降低税率,从而鼓励更多的企业加入正规经济。例如,在快速消费品零售业,土耳其只征收到约为64%的应纳增值税。如果可以将这个比率提高到90%,即使增值税的税率从

18%降低到13%,国家收入也不会减少。

  土耳其应该考虑效仿波兰。波兰在欧盟强大的压力下,于1993年集中处理零售部门的增值税逃逸问题,开始着手对付非正规经济。据波兰专家说,综合审计、高额的经济处罚,特别是要求现金出纳更好地保存销售记录这三者相结合,发挥了重大的作用。

  如果有需要,土耳其最初可以更集中、更深入地处理快速消费品的零售问题。征收增值税的优势在于,任何一家企业缴纳增值税都能让其上游和下游的企业缴纳增值税。[7]快速消费品零售部门是适合之选,不仅是因为几乎土耳其所有的零售点都注册过,方便确认,[8]而且还因为该部门的产品范围相当广。整个土耳其经济活动的20%在某种程度上都与之相关。

  更为严格地执行税法、社会义务和产品市场规定是鼓励传统企业加入正规经济并实现其经营现代化的"大棒"。而"胡萝卜"也是必需的。许多中小企业并不知道该如何实现现代化,因此政府和私有企业联盟应该对其进行指导。作为开始,土耳其应该利用欧盟已经提供的援助,甚至尝试深化这类援助,实施计划(按照欧盟的模式制订),帮助上述企业提高技术,改善运营效率,进入出口市场。

        迪德姆·丁赛尔·巴赛尔 黛安娜·法雷尔 戴维·E.米恩
        《麦肯锡季刊2003年特刊:全球指南》

第十一章 有利于竞争的规制

斯科特·C.比尔兹利　　黛安娜·法雷尔

内容概要

经济规制应该有利于公平竞争,并缓解市场失灵的影响。

尽管意图是好的,然而规制常常带来负面影响。例如,保证最低工资的规定往往限制了为低技术水平的工人所创立的工作岗位的数量。

一个基于事实的方法和一个透明的流程对于做出最佳的管理决定十分重要。控制特殊利益群体也非常关键。

规制保护的应该是人而不是工作,它应该能够让市场来挑选制胜的企业和技术,并且应该考虑到各国的基础设施需要和各国在该需要上的差异。

设立经济规制的目的在所有部门都应该是一致的:有利于各企业之间的公平竞争或确保自然垄断领域的公平定价和服务水平。更激烈的竞争意味着更强劲的生产力增长,更强劲的生产力增长随之又意味着更快的经济增长和更多可以分享的财富。而世界各地的政府也都在致力于规制的完善。

究竟为什么需要规制呢?首先,市场经济不能在没有规制的情况下

第十一章

正常运行:财产权(包括商标和保护发明者的版权)是交易发生的基础,反托拉斯法则保护了公平竞争。其次,规制在广泛存在竞争的行业中对于缓和更大的市场失灵十分必要。例如,保护消费者不受侵害,引入和维护安全标准,保护易受伤害的工人,控制环境污染等。此外,某些形式的规制(如对于罕见病症的罕用药品的规定)旨在强迫或鼓励企业满足无利可图的顾客的重要需求。再次,规制干预对支持竞争十分重要。电力、通信和其他网络行业由于需要大量的基础设施因而易形成垄断,所以规制干预对增加与这些行业打交道的顾客之福利也十分重要。

然而,规制常常陷入巨大的困境。首先,没有现成的指南来指导如何执行支持市场的规制的指南。当管理者规定了掠夺性定价和知识产权等领域中的竞争规则时,他们必须不断地维持一种微妙的平衡。必须有足够多的规则和标准来保护消费者,却不能以阻止创新和中止进步为代价。政府往往在不断试错中规划政策,结果将经济目标和政治、社会目标混淆在一起。虽然这样的试验常常反映出一个社会在所希望拥有的市场竞争类型上的真正选择,但特殊利益集团要求国家进行干预的压力可能很大,还可能会破坏规制的经济理论基础。因此,政府有时——并往往出于无意——会设置一些妨碍竞争并长期阻碍增长的规制。

MGI认为,糟糕的规制是限制生产力和全球经济体特别是发展中经济体增长的主要因素。例如,如果消除有害的规制,印度可以将其生产力提高61个百分点。巴西可以将劳动生产力提高43个百分点(见"规制紧身衣")。MGI对俄罗斯的研究表明,如果该国能制定更有效的规制,特别是确保公平竞争的规制,在没有重大资本投资的情况下(要知道,尽管目前石油价格很高,俄罗斯还是在努力增加资本投资),每年可以将其结构经济增长率提高到8%。

在近期对145个国家的研究中,世界银行[1]发现,穷国中企业服从规制所造成的管理成本比富国高三倍。然而,穷国的企业保护财产权的力度还不到富国的一半。沉重的规制和无力的财产权还使得穷人不能进入企业工作。女性工人、年幼的工人以及低技术水平的工人受害最深。

规制紧身衣

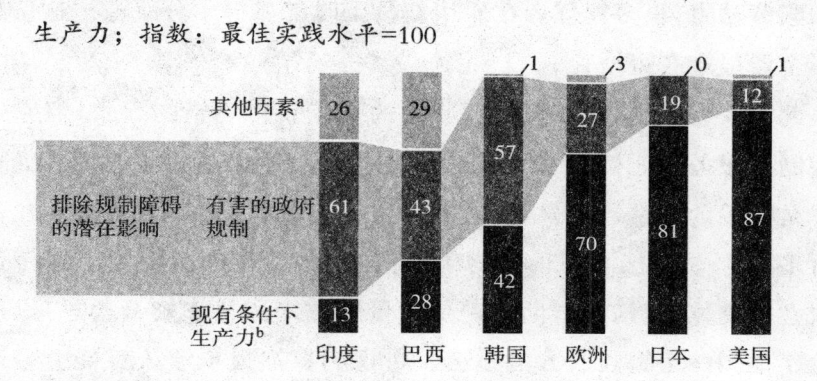

生产力；指数：最佳实践水平=100

	印度	巴西	韩国	欧洲	日本	美国
			1	3	0	1
其他因素[a]	26	29	57	27	19	12
有害的政府规制	61	43		70	81	87
		28	42			
现有条件下生产力[b]	13					

排除规制障碍的潜在影响

[a] 含基础设施,经济体中的其他结构因素。
[b] 印度,2001；巴西和韩国,1998；欧洲,1997—1998(法国和德国,1997；英国,1998)；日本和美国,2000。
[c] 法国、德国、英国。

发展中和发达经济体的企业都忧心忡忡。2005达沃斯世界经济论坛中的一项 CEO 调查确证,管制过度是企业面临的最重大威胁。政府如何才能打造出更加高效、平衡的规制呢？MGI 对 17 个经济体的研究,以及麦肯锡长期深入地与管理者和企业共事的经历,都有助于我们找到三个常见的管理陷阱和可以帮助规制制定者避开这些陷阱的基本原则。

不当的生产要素规制

政府不当地管理生产要素市场,如劳动力和资本市场,有时会限制很多部门内部的竞争。虽然它们试图防止滥用规制,纠正市场失灵,但

143

第十一章

其努力常常带来意想不到的后果。

高代价的劳动力市场规制

保护就业的规制往往限制了就业。由于不允许在经济低迷时期大量削减劳动力,很多管理者在雇用新员工时都显得十分犹豫。这份犹豫使得企业很难获得增长。

此外,一些规制能保障最低收入的员工获得不错的薪水,但它们往往限制了服务行业低技术含量工作的产生。例如,法国设立的最低薪资水平是美国的两倍。结果,美国零售商每一资本所雇用的人数要比法国同行多50%。虽然不是很好的工作,但这些工作确实提高了经济体创造财富的整体能力,并有助于避免大量低技术的员工被社会排斥,同时还给了他们一个提高收入的机会。考虑到提高最低收入可能会带来破坏性的副作用,政府可以通过降低低收入工人的所得税来帮助他们。

限制性土地和财产规制

用限制资本投资和产业整合的办法来管理土地和财产,会减缓增长。例如,日本的区域划分法保护了小的零售店,却阻碍了更具生产力的大型折扣商的扩张。小商店在日本零售部门中所占比例超过50%,而美国却不到1/4。

模糊的土地所有权和财产权也会抑制增长。正如赫尔南多·德索托在《为什么资本主义在西方胜利而在别处失败》(Why Capitalism Triumphs in the West and Fails Everywhere Else)一书中所示,[1] 在菲律宾,要合法地获得一块土地需要花费13—15年的时间、完成近170个步骤和签字。结果,该国60%—70%的人对于自己使用的土地都没有合法所有权。这不仅阻碍了抵押市场的发展,也阻碍了富有活力的金融体系的发展,而且还拿走了小型企业所有者和企业家抵押的主要资源。较大的企业也难以获得足够的土地。

对竞争性部门的过度管制

MGI研究过的大多数国家中,经济增长的最大约束在于,对充满自然竞争的制造和服务部门(如消费品和建筑部门等)设置不当规制,并且有失公平地实施这些规制。

保护主义的市场准入规制

为了保护当地行业和就业,政府设立了诸如关税和一些对外商直接投资的限制措施等障碍。这类保护使当地企业免于竞争,从而使企业失去了想提供更好、更便宜的商品和服务的动力,这给经济体造成了更大的伤害。

例如,在印度,一项"小规模预留法"划定出只有低于一定规模的企业才能制造的数百种小商品。它还对产品主要为内销的厂商制定了资产投资方面的限制。因此,国内和国外的制造商都不能实现规模经济。

限制性的产品市场规制

政府正确地创立了安全标准以确保用电不会导致火灾,并创立了食品标准以保护人民的健康。但一些产品市场规制却使得企业创新和提高生产力更加困难。从长远来看,消费者和整个经济都没有因为这些规制而获得好处。

例如,日本用以管理住宅建筑材料和技术的规制旨在保留该国建筑传统的民族特色。它们发挥了效用:日本的每一间住宅看上去都与众不同,同时也具有独一无二的日本特色。但日本的建筑业却无法通过标准化来提高生产力,而实现标准化是可以降低房屋价格的。如果消费

第十一章

者能够自己决定是否要为房屋审美效果多付费用,情况会变得更好些。

德国限制零售店的营业时间,为的是保护零售店的员工,让周日成为休息日。但这些规制与高额的最低工资以及限制大型超市的区域划分法(zoning laws)相结合,使得德国零售业的生产力比美国同行低15%。

针对原来的垄断行业的僵化规制

政府实现公共事业、铁路和其他网络行业的自由化,可以获得巨大的潜在生产力增长。虽然公共事业通常占一个国家GDP的10%左右,但它们的价格会影响到整个经济体内企业的绩效。

为了在电信和电力部门中推动竞争,管理者常常试图减少现有的原垄断者的市场力量。一个常见的办法是,要求原来的垄断者让新的零售商以便宜的批发价格使用它们的网络,并坚持让它们为有利可图和无利可图的顾客提供一致的服务和产品。大多数发达经济体中,原垄断行业中的竞争十分激烈。利益从市场原有企业中转移的情况十分明显,一些部门的价格也跌落下来。例如,从1990年到2002年,OECD成员国的固定电话成本下跌了近50%(见"暴跌")。此外,授权开设新的移动电话公司也加剧了竞争,增加了需求,改善了基础设施,降低了价格。

政府则常常致力于创造一个能够预见到市场发展的新情况并对这些情况做出反应的灵活的框架。例如,在电信业,发达市场的管理者正在逐渐重视新的技术,这些技术与现有的规制相结合,正在改变原有企业和新企业之间的力量平衡。虽然海底电报、无线电话和VoIP(网络电话)这类交流平台替代了传统的固定电话,但它们往往需要单独管理,而且在某些情况下会共同规避规制。

暴跌

OECD 成员国的固定电话成本[a]；指数：1990 年的成本＝100

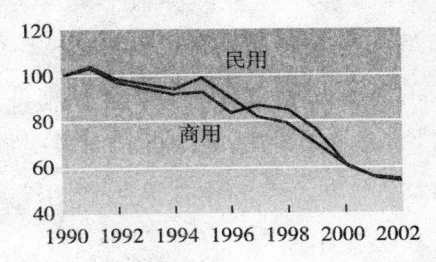

```
120 ┤
100 ┤       民用
 80 ┤    商用
 60 ┤
 40 ┤
    └─┬────┬────┬────┬────┬────┬──
    1990 1992 1994 1996 1998 2000 2002
```

[a] 仅为国内电话；不含固定电话与移动电话间的通话和国际长途及线路月租费。
资料来源：OECD；英国特勒根；麦肯锡分析。

结果，挑战者逐渐侵入了为市场原有企业提供主要收益来源的固定电话市场。在目前的成本结构下，如果不能改变管理失衡的状况，使规制反映新的现实，这种管理状况将大大减少原有固定电话企业的回报。这反过来将破坏原有企业投资新的基础设备和技术（如国家宽带网）的能力，而这些设备和技术在长期内都是有益于消费者和整个经济体的。

制定正确的规制

管理者在完成提高规定效率这一艰巨任务的时候，应该坚守一定的原则。

制定规制要以事实为基础，实现透明化

一个以事实为基础的方法和一个透明的流程是做出最佳管理决定和控制特殊利益群体的关键。管理者应该了解的不仅是不同的选择将如何影响一个部门的竞争经济法则的问题，而且还要了解不同选择的社

第十一章

会和政治内涵。要用详细的模型和分析来说明比较和评定的过程,并判断管理的目标是否能够实现。

一些原来没有进行过这类分析的政府现在正在改变它们的做法。例如,印度政府目前禁止零售部门的外商直接投资,因为它认为现代格局让富人受益,更大的竞争并不会推动经济体其他部门的快速增长。但是,微观经济分析表明,具有现代格局的折扣商所提供的价格较低,充满竞争的零售部门可以让1/3的经济体提高生产力。如果进行过这样的分析,印度政府就可能会撤销禁令。

让管理障碍变得更加透明——例如,通过国际对标(benchmark)分析衡量规制水平——有助于国家发展支持管理改革的社团,给现有情况背后的特殊利益群体施加压力。此类社团包括学术团体、国际组织(如世界银行和亚洲发展银行)、全球媒体、有影响力的私募基金、个人,当然还包括顾客(可能是受益最大的一个群体)代表。

让规制变得充满活力

制定充满活力的规制对受到严格管制的部门十分重要。管理者不但应该不断评估所需的各类规制,而且如果竞争已经形成,还要评估减少规制是否会更合理。规制虽然和税收一样难以解除或减少,但解除或减少规制可能对刺激增长和创新十分必要。

管理者可以采用"日落"条款,对规制达到目标的程度进行定期评估,延长其日落日期,或到了某一时间自动中止这些规制。管理者凭借这些方法可以让规制变得更加灵活。例如,《1984年美国民用航空局的日落法案》(The US Civil Aeronautics Board Sunset Act in 1984)终止了航空路线和民用航空局近40年来对航线和费用的严格管制。这一举动带来了激烈竞争,降低了价格,最大程度地帮助了消费者和美国经济。

今天，许多管理法规也要接受影响评估：这是对为了实现目标而采取的方法之优势和劣势的系统检测。大部分的 OECD 成员国都已采取了该方法，但它们对它的使用程度并不一样，并且许多发展中国家根本就没有使用这种方法。而一些政府已经建立了独立的咨询部门，例如英国的改进监管特别小组（Better Regulation Task Force）。

谨慎管理要素市场

对生产要素管理规制进行改革能产生很大的影响。但因为经济和社会目标之间存在着复杂、敏感的平衡关系，所以如果既想让改革获得广泛的社会支持，又想让它创造经济价值，就必须谨慎处理改革问题。

20 世纪 90 年代，西班牙实现了这两个目标。当时，它采用了更为灵活的劳动法，在仅仅 6 年的时间里就将失业率减少了 40%。此外，改革让老板和员工商定合同条款（而不是用劳动法规定合同条款），并创造了一种针对特别难找到工作的青年和其他群体的新型的永久性合同，将雇主为下岗职工所支付的费用减少了 60%。

相反，比利时保留着优厚的早退休计划，旨在促进企业重组，维持与劳动力之间的和平局面。但这些计划给政府造成了巨大的开销，使得该国成为欧洲就业率最低的国家之一。在 55—64 岁年龄段中，只有 1/4 的比利时人在工作。[2]

市场优胜劣汰

管理竞争市场的规制对不同的竞争者所产生的影响应该是公正的。让竞争市场公平地对待国内外新进入者，能促使原有的企业达到或超过新进入者的生产力水平，从而刺激竞争。政府采用上述观点，就不会再试图保护从小店铺到国家航空公司的各类规模的企业。

第十一章

管理机构显然在制定国家技术标准上占据着重要的角色。但除了少数例外情况,它们应该避免偏好一种产品或技术,因为这样做常常会减少竞争和创新的动机。欧洲决定建立全球移动通信系统(Global System For Mobile Communication,GSM),允许跨国漫游和互用,这个决定十分有效,因为这些举措有助于欧洲市场先于其他地方获得移动技术。但是,欧洲各国的电信局早已敦促(有时候是迫使)营销商购买了自己国家制造的电信设备。这个决定造成的结果是,成本比在没做出该决定的情况下要高很多。

均衡地执行规制

容许一些竞争者无视规制而获得优势,也会扭曲竞争。灰色经济企业瞒报就业率,逃税,无视产品质量和安全规制。当管理者无法对付灰色(非正规)经济时,市场就无法让优质的服务和产品脱颖而出,在竞争中获胜。只遵循部分法律或完全违法经营的企业获得了很大的成本优势,这些优势足以弥补它们在生产力和规模方面的不足,从而使它们得以继续经营。因此,规模较大、生产力较高、守法的企业难以获得市场份额——这在低收入国家是一个大问题,据估计那里的非正规经济创造了40%的GNP。这个问题也存在于部分发达国家中。[3]

要处理这个问题,政府必须投入足够的资源以便为执行税法和其他规制支付足够的费用。特别是,许多发展中国家必须提高其税收和审计能力,加重对违法者的处罚。为了避免经济转型时期造成大规模的社会动荡,也为了增加成功的机会,政府每次只应处理一个部门的非正规经济问题。

保护的是人,而不是工作

管理者试图挽救某一部门的就业率时,他们可能会获得短期的成功,但成功是以牺牲其他部门新的工作岗位为代价的。例如,在美国,害怕将服务工作外包给海外供应商而引发失业的担忧广泛存在。但 MGI 的研究却表明,美国整体经济通过集体储蓄、额外的出口、返还利润和更高的生产力等从离岸业务中获得了巨大的利润。

管理者不需要在寻求更高生产力的过程中努力减少工作岗位的流失,而应该集中精力为失业的工人减震,让他们更加轻松地找到新工作。这样的帮助包括再教育计划和用来补偿较低收入的企业保险。在 1979 到 1999 年间,69% 在服务工作外包过程中失业的美国工人都在半年内找到了新工作,大约有一半的人转而从事附加值更高的活动。[4]

在许多西欧国家,管理者还应该增加劳动力和产品市场规制的灵活度,这样规制才不会阻碍竞争和创新,才会推动新工作的形成。

不要限定商业流程

在充满自然竞争和实现自由化的部门,企业应该自由决定如何最好地达到产品的健康安全标准和环境保护标准。如果政府使用限定性的规制来控制企业的经营、组织结构和实践方式(包括企业满足劳动力要求的方式),企业在追求更高生产力过程中的创新能力就会受到损害。

想想 1990 年《美国净化空气法案》(1990 US Clean Air Act)的修正案吧,它建立了"总量管制与排放交易"体系,旨在减少以煤做燃料的电厂的二氧化硫排放。通过设定一个排放总量,同时赋予企业排放权交易的选择权,管理者鼓励公共事业部门探索减少排放的创新之路。企业有动力将排放成本降低到低于排放权的市场价格的水平,也有动力将多余的权利销售给其他企业。该计划以比预想成本更低的方式达到了目标:专家曾预测,减少二氧化硫排放量的成本为每吨 700—1 500 美元,但该排放权的最终市场价格反映出来的成本仅为 350 美元。

第十一章

定制适合国内市场的规制

规制必须反映出特定国家的法律和制度背景,以及它们的经济和基础设施的发展阶段;照搬照抄外国的规制很少能适合本国国情,并且可能有百害而无一利。虽然对标有助于增加透明度,但标杆必须具备可比性。资本价格、劳动工资率、人口密度、需求格局、行业结构的竞争性、自由化程度等要素因国而异。因此,标杆应该根据当地环境量身定做,因为它们可以催生出非常不同的规制。

许多快速实现电信私有化的发达经济体过去围绕着当时支配着该行业的固定电话企业所起的作用来构建管理体制,那时它们的行动是符合逻辑的。但在一些发展中国家(包括捷克共和国、约旦、马来西亚和俄罗斯),已有企业的固话网络所拥有的用户远远少于新的移动网络的用户。在这样的情况下,移动业务可能是一种提供全球服务的更为有效的方式。因此,用相同的方式来管理两种网络以确保移动数据基础设施以普遍可以接受的价格获得广泛的发展,可能是非常适宜的。

记住:需要基础设施

铁路和通信网络、水和气的运输管道以及分销网络均属于资本密集型,回报周期长。管理者应该考虑使用方法,促进和奖励在这些网络上的投资。一种方法可能是,让入网的价格比实际成本高,这样原有企业就能进行再投资或升级网络,而新的竞争者则会发现建立自己的网络更有价值。另外一种可行的方法是,对新的投资进行"围栏式保护"。也就是说,确保新的电话网络投资在一段时间内不会被其他竞争者所利用。

让自然垄断的权衡关系清楚明白

显然,一些案例涉及自然垄断(或某些行业如制药业的临时自然垄断)和许多类型的铁路、电力基础设施。在此,管理者一方面应该在严格的定价规制和消费者利益之间做出明确的权衡,另一方面要在就业规制的作用、公用设施投资、商业模式、创新、质量、全球服务以及诸如此类的因素(经常受竞争推动的因素)之间做出明确的权衡。农村邮政、电话和铁路服务以及罕见疾病的罕用药物定价等只是此类问题中的一些。关键是要分析事实和目标,这样,事实和目标的内涵才能清楚可见,同时还要在不同的所有者之间做出明确的利益权衡。在这样的环境中,诸如交叉补贴、知识产权保护和掠夺性定价等事项必须不断地得到评估和处理。

制定鼓励而不是阻碍竞争和增长的规制在技术变化加速和经济不稳定性加剧的时代越发困难。政治家处于保护受困行业和捍卫工作岗位的压力之下。管理机构的工作越来越复杂——因此,管理机构做出明智的选择变得越来越重要。

斯科特·C.比尔兹利　黛安娜·法雷尔
《麦肯锡季刊》,2005年第2期

注　　释

第二章

1. "Thrift shop," *Information Week*, December 23, 2002, pp. 18 – 19.

2. 见 William W. Lewis, Vincent Palmade, Baudouin Regout, and Allen P. Webb, "What's right with the US economy," *The McKinsey Quarterly*, 2002 Number 1 pp. 30 – 40（www. mckinseyquarterly.com/links/3896）；Diana Farrell, Heino Fassbender, Thomas Kneip, Stephan Kriesel, and Eric Labaye, "Reviving French and German Productivity," *The McKinsey Quarterly*, 2003 Number 1 pp. 40 – 55（www. mckinseyquarterly.com/ links/4724）。

3. MGI 的最新报告——本文的基础——是 *How IT Enables Productivity Growth*（McKinsey Global Institute, Washington, DC, November 2002）。它集中探讨了 20 世纪 90 年代, IT 对促进美国三个高绩效部门的生产力增长的作用。

4. *US Productivity Growth 1995 –2000*（McKinsey Global Institute, Washington, DC, October 2001）也强调, 常规的变化可以促成推动创新的竞争。

5. 见 Corey Booth and Shashi Buluswar, "The return of artificial intelligence," *The McKinsey Quarterly*, 2002 Number 4 pp. 98 – 105（www. mckinseyquarterly.com/ links/4726）。

第三章

1. Diana Farrell, "The economic impact of an aging Europe." *The*

注释

McKinsey Quarterly, Web exclusive, May 2005 (www.mckinseyquarterly.com/links/18705).

2. Vladimir Spidla,欧洲委员会(EC)委员,负责就业、社会事务及平等机会等问题,2005年让-雅克·卢梭(Jean Jacques Rousseau)讲座,里斯本委员会(Lisbon Council),布鲁塞尔(Brussels),2005年6月20日。

3. Diana Farrell, Heino Fassbender, Thomas Kneip, Stephan Kresel, and Eric Labaye. "Reviving French and German productivity," *The McKinsey Quarterly*: 2003 Number 1, pp. 40-55 (www.mckinseyquarterly.com/links/18697); and Martin Neil Baily and Jacob Funk Kirkegaard, *Transforming the European Economy*, Washington, DC: Institute for International Ecnomics, 2004.

4. 欧洲委员会最近提出,模仿麻省理工学院创立一个由公共资助的研究机构,欧洲竞争力委员会也正在争取让政府增加对研发的资助。

5. Diana Farrell, "The real new economy," *Harvard Business Review*, October 2003, Volume 81, Number 10, pp. 105-112.

6. Scott C. Beardsley and Diana Farrell, "Regulation that's good for competition," *The McKinsey Quarterly*, 2005 Number 2, pp. 48-59 (www.mckinseyquarterly.com/links/18706).

7. "Economic assessment of the barriers to the internal market for services," *Copenhagen Economics*, January 2005.

8. "The EU takeover directive and the competitiveness of European Industry," André Nilsen, Oxford Council on Good Governance, analysis number 1.

9. *Economic Policy Reforms*: *Going for Growth*, Organization for Economic Co-operation and development, Paris, 2005.

第四章

1. 我们所观察到的人均GDP水平相同的中低收入国家的服务业就业率的差异,很大程度上归因于农业就业水平的差异:例如,土耳其服务业比重低,其原因是 46% 的工人还在农业部门,而委内瑞拉只有 11% 的工人长期从事农业。

2. Joseph Carson, "Manufacturing Payrolls Declining Globally: The Untold Story," *Alliance Capital Management*, 2003.

3. OECD, "Enhancing the Performance of Service Sectors," 2005;第 50 页的图 2.14。

4. 来自美国一家主要电子制造商总部的一位受访者说,企业当然会接受税收激励,地方政府代表就此进行询问的时候,地方企业的领导人肯定会说税收激励很重要,但如果对诸多因素进行重要性排序,税收的重要性却很低。作为"新视野"研究的一部分,我们对 IT/BPO 企业的调查同样也说明了这一点。见 MGI 报告,"New Horizons: Multinational Company Investment in Developing Economies: Policy Implications," Exhibit 4, at http://www.mckinsey.com/mgi/publications/newhorizons/index.asp。

5. G. Nicoletti and S. Scarpetta, "Regulation, Productivity and Growth," OECD economies department working paper No 247, 2003.

6. Phillppa Dee (2005), "The Economy-Wide Effects of Services Trade Barriers in Selected Developing Countries" in *Enhancing the Performance of the Services Sector*, OECD 2005.

7. 见 MGI 报告, "New Horizons: Multinational Company Investment in Developing Economies—Food Retail Case," 2003, at http://www.mckinsey.com/mgi/publications/newhorizons/index.asp。

8. 见 MGI 关于泰国和波兰的生产力报告中的零售部门案例,http://www.mckinsey.com/mgi/pblications/thailand.asp 和 http://www.mckinsey.com/mgi/pblications/poland.asp。

9. J. S. Davis and J. Haltiwanger, "Gross Job Flows" in Ashenfelter and Card (1991), *Handbook of Labor Economics*, Vol. 3, pp. 2711-2805. 我们报告的人员流动率反映出被其他行业破坏和替代的工作的比例——达到了经济文献中使用的过度再分配率的一半(创造和破

注释

坏率之和减去净就业变化的绝对值)。

10. Foster, Haltiwanger, and Krizan (1998), "Aggregate Productivity Growth: Lessons from Microeconomic Evidence," NBER Working Paper #6803.

11. Davis 和 Haltiwanger。引用了智利和摩洛哥的研究结果。

12. M. James Kondo, William W. Lewis, Vincent Palmade, and Yoshinori Yokoyama (Photos by Pal Van Riel), "Reviving Japan's economy," *The McKinsey Quarterly*, 2000 special edition: Asia revalued.

13. "Capitalism with Japanese characteristics," *The Economist*, October 6, 2005.

14. 巴西食品零售业案例的更多细节见 MGI 的案例研究 http://www.mckinsey.com/mgi/pblications/newhorizons/food_retail.asp。更为广泛的有关非正规经济行为造成的成本的讨论见 http://www.mckinsey.com/mgi/pblications/newhorizons/informaleconomy.asp。

15. 见 Bill Lewis *The Power of Productivity: Wealth, Poverty, and the Threat to Global Stability*. University of Chicago Press, 2004。

16. 例如,外商直接投资已经成为巴西零售部门资金的重要来源。见 New Horizons food retail case op. cit。

17. 见 MGI 报告 "Removing Barriers to Growth and Employment in France and Germany" at http://www.mckinsey.com/mgi/pblications/growth_barrier.asp。

18. 区域划分法当然有其地位。例如,没有人愿意把肮脏的工厂建在居住区旁边。但区域划分法常常过于复杂和严格。区域划分的合理目标可以和灵活的土地使用政策结合起来,而土地使用政策可用来鼓励充满竞争和不断拓展的服务业的发展。

19. 见 MGI 报告 Reaching Higher Productivity Growth in France and Germany, op cit。

20. Diana Farrell, "The Hidden Dangers of the Informal Economy," *McKinsey Quarterly* 2004 Number 3.

21. Hemando de Soto 未完成的工作稿,2003 年,引用同上。

第五章

1. Peter Gershon, Releasing Resources to the Front Line: *Independent Review of Public Sector Efficiency*, July 2004 (www.hm-treasury.gov.uk).

2. 关于比较两组数据的困难的详细描述见 Donald Fisk and Darlene Forte, "The Federal Productivity Measurement Program: Final results," *Monthly Labor Review*, 1997, Volume 120, Number 5, pp. 19 – 28。

3. 英国国家统计局正在修订其测算标准。公共部门的生产力有上升的可能,不过还没有迹象表明,公共部门的生产力可能会达到或超过私营部门的生产力。

4. William J. Baumoul, "Macroeconomics of unbalanced growth: The anatomy of urban crises," *American Economic Review*, Volume 57, Number 3, pp. 415 – 426.

5. Elliott S. Fisher, Daniel J. Gottlieb, F. L. Lucas, Étoile L. Pinder, Thérèse A. Stukel, and John Wennberg, "The implications of regional variations in Medicare spending," *Annals of Internal Medicine*, 2003, Volume 138, Issue 4, pp. 273 – 287. John Wennberg 是达特茅斯医学院(Dartmouth Medical School)临床评估科学中心(Center for the Evaluative Clinical Sciences)主任,他率先对地区医疗模式进行了研究。注释中所引用的文章由 John Wennberg 和其他的研究者共同撰写。

6. Elliot Fisher and Jonathan Skinner, "Regional disparities in Medicare expenditures: An opportunity for reform," *National Tax Journal*, 1997, Volume 50, Number 3, pp. 413 – 425.

7. Emily Lawson and Colin Price, "The psychology of change management," *The McKinsey Quarterly*, 2003 special edition: The value in organization, pp. 30 – 41 (www.mckinseyquarterly.com/links/14597); Jennifer A. LaClair and Rvi P. Rao, "Helping employees embrace

注释

change," *The McKinsey Quarterly*, 2002 Number 4, pp. 17 – 20 (www. mckinseyquarterly. com/links/14581); and Jonathan D. Day and Michael Jung, "Corporate transformation without a crises," *The McKinsey Quarterly*, 2000 Number 4, pp. 116 – 127 (www. mckinseyquarterly. com/links/14583).

8. Gassan AL-Kibsi, Kito de Boer, Mona Mourshed, and Nigel P. Rea, "Putting citizens on-line, not in line," *The McKinsey Quarterly*, 2001 special edition：On-line tactics, pp. 64 – 73 (www. mckinseyquarterly. com/links/14585).

9. William W. Lewis, "The power of productivity," *The McKinsey Quarterly*, 2004 Number 2, pp. 100 – 111 (www. Mckinseyquarterly. com/links/14587).

第六章

1. 作为《边境工业化计划》的一部分,1965 年,墨西哥政府授权创立了出口加工区以帮助推动就业和经济的整体发展。这些外资装配工厂获准进口免税机械和原材料,利用墨西哥的劳动力来进行短期的生产或装配,然后出口产品,产品主要返回美国。为了减少运输成本,大多数的工厂都建在墨西哥和美国的边境上。出口加工区的经营收益和限制随着时间的推移有所变化,其中以 2004 年 1 月削减的商品种类为最大,这一举措是 NAFTA 实施的最后一阶段的一部分。墨西哥政府目前仍追踪各种变化,而加工出口区的数据库往往用于经济分析。

2. 见 www. dallasfed. org。

3. Diana Farrell, Jaana K. Remes, and Heiner Schulz, "The truth about foreign direct investment in emerging market," *The McKinsey Quarterly*, 2004 Number 1, pp. 24 - 35 (www.mckinseyquarterly.com/links/15326).

4. Mickal Kwiecinski and Thomas Rüdel, "Poland's investment challenge," *The McKinsey Quarterly*, 2004 Number 3, pp. 19 – 21

(www.mckinseyquarterly.com/links/15328).

5. 从更广泛的层次讲,白色家电部门为 NAFTA 的影响提供了有趣的例子。在墨西哥白色家电龙头企业阿克洛斯(Acros)和玛碧(Mabe)于20世纪90年代分别被惠而浦(Whirlpool)和通用(GE)收购以前,一直占据着备受保护的地方市场。当墨西哥工厂被并入了新的所有者的全球生产当中后,墨西哥这个部门的生产力在1996到2001年间每年增长了16%。

6. Ronald C. Ritter and Rovert A. Sternfels. "When offshore manufacturing doesn't make sense," *The McKinsey Quarterly*, 2004 Number 4, pp. 124-127(www.mckinseyquarterly.com/links/15417).

7. Frederick H. Abernathy, John T. Dunlop, Janice H. Hammond, and David Weil, "Globalization in the apparel and textile industries: What is new and what is not?" in Martin Kenney and Richard Florida, *Locating Global Advantage*, Stanford University Press, 2003.

8. Dianna Farrell, Jaana K. Remes, and Heiner Schulz,"The truth about foreign direct investment in emerging markets," *The McKinsey Quarterly*, 2004 pp. 24-35 (www.mckinseyquarterly.com/links/15326).

9. World Bank, *Doing Business in 2005: Removing Obstacles to Growth*, Oxford University Press, 2005(www.worldbank.org).

10. 就业数据来自半导体行业协会和美国劳动统计局。

11. David Luhnow, "Challenges from China spur Mexican factories to elevate aspirations," *Asian Wall Street Journal*, March 5, 2004.

第七章

1. Lou Dobbs, "A home advantage for US corporation," CNN, August 27, 2004.

2. 我们的具体分析见 Martin Neil Baily and Robert Z. Lawrence, *What Happened to the Great Us Job Machine? The Role of Trade and Offshoring*, a Brookings Paper on Economic Activity published in April

注释

2005。

3. 2000年以前,在1979到1983年间最大的一次下跌从1 940万减少到1 700万,降幅约为12%。

4. 在过去三年间,美国产成品进口的增长速度比生产力增长速度要慢得多。因此,2003年美国被取代的工作比2000年的要少。

5. 关于离岸外包业务所带来的影响的文献很多。例如,Charles L. Schultze, *Offshoring, Import Competition, and the Jobless Recovery*, Brookings Institution Policy Brief Number 136, August 2004(www.brookings.edu); Lael Brainard and Rovert E. Litan, "*Offshoring*" *Service Jobs: Bane or Boon—and What to Do*? Brookings Institution Policy Brief Number 132, April 2004(www.brookings.edu); Jagdish Bhagwati, Arvind Panagariya, and T. N. Srinivasan, *The Muddles over Outsourcing*, Washington University at St. Louis Economics Working Paper, International Trade Series, Number 0408004, August 2004(http://econwpa.wustl.edu) Martin N. Baily and Diana Farrell, *Exploding the Myths about Offshoring*, McKinney Global Institute, April 2004(www.mckinsey.com/knowledge/mgi/expoding-myths); and Robert D. Atkinson, *Meeting the Offshoring Challenge*, Progressive Policy Institute, New Economy Policy Brief, July 2004(www.ppionline.org)。

6. 这是最高估计。大约有13.4万份工作是软件行业的,14万份工作在其他商业流程领域。

7. 注意,这个估计并不包括IT硬件行业的生产工人。计算机和半导体行业的就业人数在2000年后急剧减少。

8. Lori Kletzer and Roert E. Litan, "A prescription to relieve worker anxiety," Policy Brief 01-02, Institute for International Economics, Washington, DC, February 2001(www.iie.org)。

第八章

1. 非正规经济,有时候被称为灰色市场,指的是从事合法商业活动但不完全履行税收和规定义务的企业,并不是指毒品企业联盟、黑手党、卖淫场所以及非法的赌博经营企业等纯粹的犯罪企业。

2. Fredrich Schneider,"Size and Measurement of the Informal Economy in 110 Countries around the world," a July 2002 working paper(在以下网址可获得：www.worldbank.org)。

3. 未出版的研究论文,2003。

第九章

1. 这项研究是MGI和麦肯锡驻圣保罗办公室于2004年共同承担的。

2. 见Diana Farrell,"The hidden dangers of the informal economy," *The McKinsey Quarterly*, 2004 Number 3, pp. 26 – 27 (www.mckinseyquarterly.com/links/15990)。

3. Conselho Regional de Farmácia do Estado de São Paulo.

4. Agência Nacional do Petróleo.

5. Instituto de pesquisa Econômica Aplicada.

6. Matia Joao Carioca, Rui Diniz, and Bruno Pietraddi, "Making Portugal Competitive," *The McKinsey Quarterly*, 2004 Number 3, pp. 60 – 67 (www.mckinseyquarterly.com/links/16153)。

7. 政府从设在秘鲁首都利马的非营利智囊团——自由与民主研究院(Institute for Liberty and Democracy,ILD)处获得支持。ILD与政府共同实施机构改革,这些机构改革可以让穷人获取不动产和企业的正规财产权,同时还可以为他们提供解放锁定在这些资产中的资金的工具。

第十章

1. 该研究的完整版本可以在以下网址查询:www.mckinsey.com/mgi。

2. 研究的11个部门是服饰、汽车零件、水泥、糖果、牛奶加工、电力、住宅建筑、零售银行、快速消费品零售、钢铁、电信。它们占据着1/4以上的非农业GDP,在非农业就业人口中的比例超过30%。它们之所以被挑选

注释

出来,既因为它们代表了总的公共事业部门、服务部门和制造部门,还因为我们可以利用 MGI 的早期研究中的国际基准对其进行研究。除非有所声明,否则本文中的生产力指的是劳动生产力。

  3. 该研究揭示了两大鲜明的企业群体。"传统"是我们给那些生产力水平格外低下的企业所贴的标签。通过寻找传统企业放慢生产力发展的整体速度这一社会现象存在的原因,我们揭示出一个广泛存在的特点:所有的传统企业所使用的商业流程和技术要落后当前先进的通用方式至少两代,并且常常达到三四代。在我们的研究中,"现代"企业的生产力水平比传统企业高两到三倍。几乎没有例外,现代企业使用的商业流程更接近前沿的商业流程。

  4. 用劳动生产力测量糖果业的生产力,因为它是一个资本所占比重相对较低的部门。劳动生产力被定义为每个劳动工时内增加的美元价值。

  5. 这个问题自 1997 年俄罗斯经济崩溃以来就一直折磨着整个行业,当然也包括土耳其唯一的糖果出口市场。

  6. 汽车零件部门由 1 000 多家供应商组成,它们制造不同的零件。我们的研究测算了刹车系统制造商的生产力,并将其与美国同行的生产力相比较。全要素生产力测量的是资本和劳动的生产力。

  7. 企业缴纳净增值税。也就是说,它们从顾客那里获得的增值税与它们的供应商从它们那里获得的增值税之间的差。因此,它们从批发商那里确定销售量,批发商从制造商那里确定销售量,而制造商从原料供应商那里确定销售量。

  8. 与征税(由国家来执行)相反,注册企业(收取相对较小的费用)的规定执行十分严格。一个原因是,该执法责任归于市政当局,而它们想把在自己的掌控下的收入最大化。

第十一章

  1. New York: Basic Books, 2000.

  2. *Prospero: A New Momentum to Economic Prosperity in Belgium* (2004) 可以在以下网址找到:www.mckinsey.com/locations/benelux/

wor/prospero/index.asp。这一研究所使用的数据来自：比利时的一些政府机构，如联邦计划局（Federal Planning Bureau）、比利时国家银行（Ntional Bank of Belgium）、国家统计所（National Institute of Statistics）；一些国际组织，包括欧盟委员会（European Commission）和经济合作与发展组织；与一些联盟领导、政治家、学者以及比利时私立和公立机构的高管之间的讨论。

3. Diana Farrell, "The hidden dangers of the informal economy," *The McKinsey Quarterly*, 2004 Number 3, pp. 26 - 27（www.mckinseyquarterly.com/links/17280）.

4. Lori G. Kletzer, *Job Loss from Imports: Measuring the Costs*, Institute for International Economics, Washington, DC, Septembers 2001（www.iie.com）.

作者简介

真正的新经济
黛安娜·法雷尔(Diana Farrell),麦肯锡全球研究院主任。

正确把握 IT 支出
特拉·特威利格(Terra Terwilliger),毕业于麦肯锡全球研究院,工作于麦肯锡硅谷办公室(McKinsey's Silicon Valley office)。
艾伦·P. 韦布(Allen P. Webb),《麦肯锡季刊》责任编辑。

欧洲经济改革路线图
马丁·尼尔·贝利(Martin Neil Baily),国际经济学院(Institute of International Economics)高级研究员,克林顿总统经济顾问委员会(President's Council of Economic Advisers)主席,麦肯锡全球研究院高级顾问。

国内服务业:隐藏的关键增长点
贾安娜·雷米斯(Jaana Remes),麦肯锡全球研究院高级研究员。

提高政府生产力
托马斯·多尔曼(Thomas Dohrmann),麦肯锡驻华盛顿地区办公室(McKinsey's Washington DC office)负责人。
莱恩尼·门敦卡(Lenny Mendonca),麦肯锡驻旧金山办公室(Mckinsey's San Francisco office)主任,麦肯锡全球研究院主席。

超越廉价劳动力:发展中国家的教训
安东尼奥·珀伦(Antonio Puron),麦肯锡驻墨西哥城办公室(McKinsey's

Mexico City office)主任。

勿将美国工作岗位的流失归咎于贸易
罗伯特·Z. 劳伦斯(Robert Z. Lawrence)，哈佛大学(Harvard University)约翰·F. 肯尼迪政府学院(John F. Kennedy School of Government)贸易与投资学教授，国际经济学院高级研究员。

治理巴西的非正规经济
乔·卡普(Joe Capp)，毕业于麦肯锡研究院，现就职于麦肯锡驻圣保罗办公室(São Paulo office)。
小威廉·B. 琼斯(William B. Jones Jr.)，麦肯锡驻圣保罗办公室的实践专家。
海因茨-彼得·埃尔斯特洛德(Heinz-Peter Elstrodt)，麦肯锡驻圣保罗办公室主任。

土耳其灰色市场的代价
迪德姆·丁赛尔·巴赛尔(Didem Dincer Baser)，毕业于麦肯锡研究院，现就职于麦肯锡驻伊斯坦布尔办公室(Istanbul office)。
戴维·E. 米恩(David E. Meen)，麦肯锡驻伊斯坦布尔办公室名誉主任。

有利于竞争的规制
斯科特·C. 比尔兹利(Scott C. Beardsley)，麦肯锡驻布鲁塞尔办公室(McKinsey's Brussels office)主任。